KB092679

다시 생각하는 리더십

다시 생각하는 리더십

1판 1쇄 인쇄 2015년 8월 1일

지은이 민승기
펴낸이 나성원
펴낸곳 나비의 활주로

책임편집 유지은
디자인 su:

주소 서울시 강북구 삼양로 85길, 36
전화 070-7643-7272
팩스 02-6499-0595
전자우편 butterflyrun@naver.com
출판등록 제2010-000138호

ISBN 978-89-97234-36-3 03320

혼란의 시대, 진짜 리더의 조건

다시 생각하는
리더십

민승기 지음

나비의 활주로

추천사 ❶

사람을 살리는
행복한 리더십

"인자(仁者)는 자기가 일어서기 원하면 남을 먼저 일으켜 세우고, 자기가 성공하고자 하면 먼저 남이 성공하도록 돕는다"는 공자의 말이 새삼 남다르게 느껴지는 시대를 살고 있습니다. 과거에는 상상도 못 할 일들이 영화 속에서만이 아니라 현실에서 이루어지고 있는 첨단 과학의 시대이지만 '기업은 곧 사람이다'라는 명제는 예나 지금이나 불변의 진리입니다. 아무리 컴퓨터와 신기술이 발달한다고 해도 결국은 어떻게 인재를 발굴하고 육성하느냐에 따라 기업의 성패가 결정됩니다.

그렇기에 리더란 자신의 리더십 뿐만이 아니라 조직 구성원의 리더십 향상과 육성에 전력을 다해야 합니다. 그 리더십의 핵심에는 인간 존중의 철학이 있어야 합니다. 리더십의 본질은 사람의 마음을 움직이는 힘입니다. 이것은 제도적 장치나 시스템으로 할 수 있는 부분이 아닙니다. 사람을 사랑하고 행복하게 이끌어 주는 리더가 필요합니다.

성공과 실패는 사람의 태도에 달려있고 태도는 생각에 달려있으며 생

4

각을 결정하는 것은 조직문화와 같은 정신이고 정신문화를 결정하는 것은 바로 리더의 몫입니다. 이처럼 모든 것은 리더에게 달려있다고 할 수 있습니다. 알파벳을 숫자로 대입하여 합산하면 태도(attitude)가 100점이고 생각(thought)이 99점이므로 태도는 99% 생각에 달린 것이지요. 리더가 어떻게 구성원의 생각과 태도를 만들어 가느냐가 결국 조직의 성패를 결정하므로 리더십이 중요합니다.

매슬로우 인간 욕구 8단계에서 7단계가 자아실현 즉 꿈을 이루는 것이며, 이는 성공하는 삶을 뜻하나 8단계는 다른 사람이 꿈을 이루도록 돕는 것으로 행복한 삶을 의미합니다. 리더들이 자신의 성공만을 위하는 이기심을 바탕으로 하면 실패하고 부하, 고객, 관계자 모두의 꿈을 이루도록 돕는 이타심을 바탕으로 하면 더 큰 성공으로 이어지고 행복한 리더가 된다고 할 수 있습니다.

제가 경영 현장에서 숱하게 보아 왔던 많은 리더십의 사례들을 돌아보더라도 저자의 리더십에 대한 방향 제시는 대단히 주목할 만한 부분입니다. 방향이 잘못되면 그 어떤 노력도 모두 허사가 됩니다. 이 책에서 제시하고 강조하는 리더십의 핵심과 조건들은 그래서 시사하는 바가 큽니다.

리더가 리더를 기꺼이 양성하고, 기업과 조직의 경쟁력이 리더십의 수준만큼 성장하여 세계를 다시 한 번 주목하게 하는 행복한 그 날이 앞당겨지길 누구보다도 고대하고 기원합니다. 그리고 여전히 기업 경쟁력 제고에 몰입하고 헌신하는 많은 리더들에게 청량한 자극제와 지침이 되는 책으로 널리 활용되기를 진심으로 바랍니다.

손 욱 (사)행복나눔125 회장(전 삼성 SDI 사장)

대변혁을 이끌어 갈
새로운 리더십

현대사회를 초연결 사회, 초지능 사회라고 말합니다. 모든 것이 연결되고 있고 스마트 기기가 쏟아져 나오고 있기 때문입니다. 게다가 빅데이터 기술로 많은 정보들이 연결되고 융합되어 분석력과 예측력을 그 어느 시대보다 획기적으로 높여주고 있습니다.

사물인터넷 기술이나 로봇공학 그리고 드론은 인간의 지능을 보조하는 정도를 넘어 이제는 인간지능과 활동의 한계를 확장해 줍니다. 이런 세상이 가속화되면 스마트 기기가 인간을 대체하게 될 것으로 예상합니다. 하지만 정작 이런 시대에 가장 중요한 것은 무엇일까요? 바로 새로운 리더십입니다.

한때 '사람이냐, 시스템이냐'라는 논쟁이 붙은 적도 있습니다. 결론은 우수한 시스템에는 우수한 사람이 있어야 한다는 것입니다. 이제 '사람이냐, 스마트 기술이냐' 이런 논쟁에서도 핵심은 스마트한 사람과 스마트한 기술의 조합입니다.

6

이 책의 저자인 민승기 원장은 이런 시대적 상황을 예리하게 꿰뚫고, 새로운 리더십은 무엇이고 어떻게 실행해 나갈지에 대해 명료하게 제시합니다. 단지 이론뿐만이 아니라 오랜 현장 경험이 녹아 있어 가능한 것입니다. 새로운 리더십을 추구하는 경영자 조직을 활성화시키고자 하는 의욕적인 리더들과 관리자분들께 기꺼이 추천합니다.

윤은기 한국협업진흥협회 회장(전 중앙공무원교육원장)

소통의 리더십으로
변화를 개척한다

리더십이란 언제나 쉬운 듯하면서도 어려운 주제입니다. 한 기업의 흥망은 얼마나 조직의 구성원들에게 비전을 심어주고 동기 부여하면서 목표를 향해 경쟁력 있게 달려가느냐에 달려있습니다. 그리고 여기에는 리더십과 소통이 핵심적인 역할을 합니다.

압축 성장과 초고속 성장을 하던 과거의 경영 환경과 글로벌 시대를 살아가는 지금의 상황은 상전벽해와 같은 변화가 일어나고 있습니다. 그럼에도 우리의 기업과 조직에서는 여전히 과거의 왜곡된 리더십 행태와 잘못된 소통 문화가 자리하고 있음도 부인할 수 없습니다. 아직도 상사의 지시를 일방적으로 수행하도록 하는 것을 리더십으로 오해하는 리더가 적지 않습니다. 상사는 말하고 부하는 듣는 것을 소통이라고 착각하는 리더와 조직이 현실 속에 존재하는 상황이 21세기에도 여전합니다.

이 책은 이런 왜곡된 리더십과 불통의 현실을 시원하게 뚫어줄 분명한 대안을 제시합니다. 왜 그래야 하는 지에서 출발하여 어떻게 해야 하는지에 이르기까지 일관된 리더십의 프로세스를 알려줍니다. 지금 리더십의 위치에 있는 분들은 물론이고 미래의 리더십을 세우는 데에도 좋은 교본이 될 것입니다.

무엇보다 저자의 다양한 경험이 바탕이 된 탄탄한 배경이 돋보입니다. 믿음직한 이론적 배경에다 저자의 현장 경험을 녹여낸 탄탄한 리더십 지침서입니다. 강의 활동을 하는 저자의 특성이 잘 묻어나도록 읽기 쉬운 흐름으로 구성한 점도 추천 포인트입니다. 왜(why), 무엇이(what), 어떻게(how)의 구조로 엮어 리더십 지침서로 손색이 없습니다.

저 역시 기업의 리더로서 역할을 하면서도 특히 인재를 양성하는 일을 하면서 리더십을 알기 쉽게 설명하고 육성 방안을 구체적으로 제시한 좋은 책이 나오게 되어 기쁩니다. 리더가 행복하고 구성원이 행복하길 기대하는 많은 분들에게 유익한 안내서가 되길 기대합니다.

리더는 하루아침에 되는 것이 아닙니다. 매일같이 조금씩 자신을 돌아보고 갈고 닦으며 리더십을 점검하며 올바른 리더십의 방향으로 발걸음을 내디뎌야 합니다. 누구보다도 고독하고 힘든 과정입니다. 그래서 리더는 아무나 되는 것이 아닙니다. 이 책을 통하여 저자의 열정과 노하우를 고스란히 적용하는 멋진 기회가 되길 기원합니다.

류종현 한화그룹 인재경영원 부원장

지금은 참다운 리더의 모습을 되찾아야 할 때

직업상 전국을 다니면서 다양한 기업체를 대상으로 강의 활동을 하다 보면 어느 한 기업도 속 시원한 소리를 못하고 있음을 알 수 있습니다. 중소기업은 말할 것도 없이 대기업은 세계적인 경쟁 구도 속에서 나름의 고충을 토로하고, 대다수의 기업들이 어려워진 사업 환경에 적응하느라 아우성입니다. 이러다가 몇 년 후에 우리 경제가 어떻게 될지 심각하게 고민하게됩니다. 이러한 시점에서 리더에 대해 다시금 돌아봅니다.

정치권이든 기업체든 현명한 리더로 이러한 난국을 헤쳐 나가도 모자란 이때 엉뚱하고도 개탄스러운 리더의 모습을 눈만 돌리면 볼 수 있습니다. 이러한 현실에 그저 답답할 따름입니다.

과연 리더십이란 무엇일까요? 기업과 정치권 등 소위 리더십을 발휘해야 하는 자리에 있는 그분들은 리더십에 대해 올바로 알기나 하는 것일까 의문스럽습니다. 여러 정황으로 볼 때에 그들은 리더십에 대해서 대단히 왜곡된 인식을 가지고 있다고 볼 수밖에 없습니다. 리더십이 아니라 그저 '슈퍼 갑질'을 하는 것이지요.

리더십이란 단지 지위가 높은 것을 말하는 것도 단지 자신의 권한을 휘두르거나 강력한 파워를 의미하는 것도 아닙니다. 그런데 많은 분들이 이것을 모르는 듯합니다. 그저 높은 지위에서 강력한 권한을 행사하여 구성원들을 복종하게 하는 것을 리더십이라고 착각하는 것 같습니다. 아니, 그들뿐만이 아니라 대체로 많은 분들이 리더십의 본질을 왜곡하고 착각하고 있습니다. 어쩌면 알면서도 제대로 적용하지 못하고 있는지도 모릅니다.

요즘 인문학에 대한 관심이 고조되고 있습니다. 특히 리더들에게 인문학적 소양이 강조됩니다. 물론 이것도 한때의 유행으로 지나가거나 받아들이면 무의미한 일이 되겠지만, 어쨌든 인문학과 리더십을 연계한다는 것은 매우 바람직합니다. 인문학이란 사람에 관한 학문입니다. 어떻게 살 것인가에 대한 생각을 다룹니다. 리더십이란 결국 리더의 인격에서 비롯되는 것이기 때문에 인문학과의 연계가 필요합니다. 리더십은 실력 이전에 인격이 우선되어야 합니다. 그런데 리더십을 그저 실력으로, 혹은 스킬로 이해하는 분들도 적지 않습니다.

한 조직의 수준은 리더의 수준으로 결정됩니다. 아무리 구성원들의 수준이 높더라도 그 조직의 리더 수준이 따라주지 못하면 구성원들은 이탈할 수밖에 없습니다. 함께 할 수 없는 것입니다. 따라서 조직을 살리려면 리더십을 살려야 합니다. 올바른 리더십의 이해와 철저한 자기 점검과 인내심을 가지고 리더십을 만들어나가야 합니다. 그저 지적하고 관리하며 남을 평가하고 복종하게 만드는 것은 리더십이 아닙니다. 이제 관리자와 보스에서 리더로 거듭나야 합니다.

우리 기업의 미래를 위하여, 아니 생존을 위하여 먼저 리더가 바로 서야 합니다. 일본전산의 나가모리 회장은 '기술의 차이는 5배요, 의식의 차이는 100배'라고 했습니다. 기업의 기술력이 아무리 뛰어나더라도 그 조직의 구성원들이 어떤 의식을 가지고 있느냐가 결정적이라는 의미입니다. 더구나 '리더의 의식이 어떠냐' 하는 점은 구성원들의 의식에 결정적인 영향을 준다는 점에서 조직의 생존과 발전에 핵심적인 요소입니다.

이 책은 이런 우리 기업과 조직의 리더십 현상을 바탕으로 집필했습니다. 많은 기업에서 리더십 교육을 의뢰받고 강의 현장에서 만나보면 대단히 걱정스러운 경우가 많습니다. 주변 모든 사람들이 알고 있는데 정작 리더 자신만 리더십의 수준이 어느 정도인지 모르고 본인만 잘하고 있다고 착각하고 있습니다. 그러면서 구성원들을 탓합니다. 그들이 게으르고 모자라서 성과가 안 나온다고 말입니다. 하지만 리더가 바뀌지 않으면 아무것도 바뀌지 않습니다. 그러면 어떻게 바뀌어야 할까요? 리더십의 본질을 알고 제대로 바뀌어야 합니다.

Part 1에서는 통상적인 리더십에 대한 오해를 벗어나서 변화하는 이 시대의 올바른 리더십의 방향을 잡고 바람직한 리더의 5단계를 설명했습니다. 가정주부든 직장의 중견 간부든, 아니면 최고 경영자든 누구나 공통적으로 바르게 이해하고 있어야 할 리더십의 개념과 단계에 대해 다루고 있습니다. 이제 리더십은 어느 특정 직급의 대상자에게만 국한된 것이 아닙니다. 누구나 리더십을 알아야 리더를 키우기도 하고 리더로서 행동할 수 있습니다.

Part 2에서는 올바른 리더가 되기 위해서 리더 자신이 갖춰야 할 자질과 성품적 요소에 대해 살펴보았습니다. 리더는 능력만으로는 되지 못합니다. 능력만으로는 관리자는 될 수 있어도 리더는 될 수 없습니다. 결혼하여 자녀를 낳았다고 저절로 참된 부모가 되는 것은 아닙니다. 부모의 리더십을 갖추기 위해 훈련하고 배워야 합니다. 이처럼 남에게 리더가 되려면 먼저 자기 자신에게 리더가 되어야 합니다. 진정 행복한 리더, 성공하는 리더가 되는 길은 무엇인가에 대해 사례와 함께 소개하였습니다.

Part 3에서는 세 가지 영역에서의 리더십 핵심 스킬을 다루었습니다. '구체적으로 어떻게 해야 리더십을 제대로 발휘할 수 있을까?'에 대한 대답이 될 것입니다. 직장은 물론이고 가정에서도 실질적으로 적용하고 실천할 사항들을 정리했습니다. 이를 통해 가정에서는 부모와 자녀와의 관계가 개선되고, 직장에서는 상하 관계나 수평적 관계에 긍정적인 영향을 주며 리더와 구성원의 관계가 좋아질 것입니다. 또한 최신 리더십 이론 가운데 감정관리 리더십의 핵심을 다루었습니다. 이제는 구성원의 감정관리를 통한 진정한 몰입도 향상으로 성과를 지향해야 합니다.

이 책이 치열한 삶의 현장에서 리더를 대상으로 쉬우면서도 핵심적인 리더십의 길잡이가 되길 바랍니다. 그래서 혼란스럽고 힘에 겹지만 그래도 희망을 품고 미래를 설계하는 이들에게 보탬이 되면 좋겠습니다. 그 어느 시대보다 희망이 없다고 생각하는 많은 직장인들과 조직의 명운을 짊어지고 나아가는 리더들에게 용기와 도전의 마음을 줄 수 있길 희망합니다.

민승기

Part
3

리더십의 완성을 위한
세 가지 핵심 스킬 146

Part
1

진정한
리더십이란
무엇인가

변화의 시대, 올바른 리더십의 본질

1. 리더십을 어떻게 이해할 것인가

혹시 '등골 브레이커'라는 말을 들어 보셨습니까? 적어도 50만 원대가 넘는 수준의 아웃도어 브랜드 점퍼가 인기인데 그 가격의 점퍼를 사려면 부모님 등골이 휜다는 의미에서 생긴 신조어입니다. 문제는 이 점퍼를 입고 싶어도 입지 못하는 학생들이 폭력을 사용하여 남의 점퍼를 빼앗는 사건이 줄을 잇고 있다는 것입니다. 학교에서 이 종류의 점퍼를 입지 않고서는 행세를 하지 못하는 분위기가 되다 보니 이런 문제가 발생한 것입니다.

아직 성숙하지 못한 중학생 수준에서는 누군가에게 자신의 영향력을 발휘하는 수단이 비싼 옷이나 주먹인 경우가 많습니다. 그들에게 있어서 리더가 된다는 것은 남보다 힘이 세어 지배할 수 있는 능력을 갖거나 남에게 과시할 수 있는 무엇인가를 가지는 것입니다. 이런 잘못되고 삐뚤어진 리더상이 있어서 학교에서 각종 사건 사고가 끊이질 않습니다.

중학생만이 아닙니다. 최근 대학가에서 유행하는 '과잠'이라는 말도 있습니다. 대학에 입학하며 학과별로 맞춰 입는 '학과 점퍼'라는 것입니다. 교복 자율화가 시행된 게 언제인데 난데없이 대학생들이 학과별로 교복 같은 점퍼를 입기 시작했습니다. 학생들은 이 점퍼를 입으면 왠지 남과 달라 보이고 소속감도 느끼게 된다고 합니다. 크게 문제 삼을 의도는 없지만, 그래도 대학생이 되어서까지 남과 달라 보이고 싶어 하는 마음을 고작 옷으로 표출하는 의식 수준이 약간 실망스럽기도 합니다. 특히 일부 명문대생들의 경우 과시욕의 수단으로도 활용하고 있다니 이것 또한 잘못된 리더십의 한 단면 같습니다.

그렇다면 올바른 리더십은 무엇일까요? 한 학자는 '리더십의 정의는 리더십을 연구하는 사람의 수만큼 다양하다'라고 했습니다. 학자마다 견해가 다양하고 조직이나 공동체에서 리더십의 적용 형태가 다양하므로 당연한 일입니다. 따라서 리더십의 정의가 무엇인가에 대한 정답을 찾으려는 노력보다는 리더십의 본질적인 의미와 방향성을 이해하는 것이 더욱 중요합니다.

이해를 돕기 위해서 몇 가지의 리더십에 대한 정의를 살펴보면 다음과 같습니다. 박유진은 《현대사회의 조직과 리더십(양서각)》에서 쿤츠와 오도넬이 '조직 구성원들이 공동의 목표를 달성하는데 따라오도록 영향력을 행사하는 것'이라고 정의했고, 허시와 블랜차드는 '주어진 상황 하에서 목표 달성을 위해 개인 또는 집단이 노력하도록 모든 활동에 영향을 주는 행위'라고 했습니다. 국민대학교 백기복 교수는 '전 방향의 조직원들이 이슈를 통한 공동의 성과 창출 노력에 자발적, 지속적으로 몰입하도록 이끌어가는 과정'이라고 했고, 아이젠하워 장군은 '리더가 성취하고자 하는 일을 구성원들이 원해서 하도록 만드는 능력'이라고 했습니다.

여기에서 우리는 두 가지 중요한 공통적 요소를 발견할 수 있습니다. 첫 번째, '리더십은 누군가에게 영향력을 발휘하는 것'이라는 사실입니다. 어느 조직이든 리더는 구성원들에게 어떤 형태로든지 영향력을 미치고 그 영향력으로 인해 구성원들이 움직입니다. 이런 영향력의 크기가 바로 리더십의 크기입니다. 리더가 되기 위해서는 이런 자신의 영향력을 키우는 것입니다.

가정에서는 부모가 자녀에게 영향력을 미치게 됩니다. 따라서 부모는 자녀에게 리더입니다. 부모의 영향력의 크기와 영향력의 방향에 따라 자녀의 양육 모습도, 가정의 분위기도 달라집니다. 리더십의 모습이 다르기 때문에 그렇습니다. 직장의 리더가 어떤 영향력을 행사하는가에 따라서 그 조직의 문화가 결정됩니다. 조직구성원의 행동도 달라집니다. 이것이 리더십입니다. 기업의 CEO가 바뀌면 왜 조직의 분위기가 달라집니까? 왜 구성원들의 삶의 패턴이 달라집니까? 쓰러져가던 기업을 살리는 것도 경영자의 역할이 지대합니다. 바로 리더의 영향력 때문입니다.

두 번째, 공통적인 요소는 바로 '구성원들이 리더를 따른다'는 사실입니다. 어느 리더라도 따르는 구성원이 있습니다. 만약 따르는 구성원이 없다면 그는 리더가 아닙니다. 속담에도 '스스로 리더라고 생각하고 걷는데도 따르는 사람이 없다면 그는 단지 혼자서 산책을 하고 있을 뿐이다'라는 말이 있습니다. 리더라면 당연히 따르는 사람이 있어야 합니다.

결국, 리더십이란 '무엇인가의 영향력을 통하여 구성원들이 스스로 따르도록 하는 것'이라고 정리할 수 있습니다. 특별히 여기에서 주목할 것은 구성원들이 스스로 따르도록 하는 것이라는 점입니다. 이제는 리더십의 개념을 바꾸어야 합니다. 예전의 패러다임처럼 리더십을 강압적이고 일방적인 힘의 분출로 여겨서는 안 됩니다. 소위 카리스마라는 명목으로 구성원들을 강제하고 억압하는 것은 리더십이 아닙니다. 구성원 스스로 자발성이 있어야 합니다.

21세기는 여러 조직에서 여성 리더들이 상당히 약진하고 있습니다. 심지어 여성의 활동 정도를 통해서 그 조직의 민주화와 선진화 정도를 가늠하기도 합니다. 저 역시 전국의 수많은 기업과 단체에 강의를 다니면서 느끼지만 여성의 참여가 활발한 조직이 대부분 개방적이고 창조적인 문화를 만들며 성과도 비교적 좋습니다. 물론 구성원들의 조직 만족도도 높게 나옵니다.

예전처럼 힘의 논리로만 생각한다면 생각할 수 없는 일입니다. 리더십은 더 이상 힘의 논리로만 설명해서는 안 됩니다. 오히려 조직 구성원들의 마음을 얻는 힘이 중요하며 구성원들이 스스로 움직이고 싶어 하도록 영향력을 발휘하는 것이 진짜 리더십입니다. 목소리 크고 험상궂은 강압적인 리더십은 더 이상 통하지 않습니다. 그래서 21세기는 감성 리더십의 시대, 여성 리더십의 시대, 섬기는 리더십의 시대, 소통하는 리더십의 시대라고 합니다.

이처럼 리더십이란 '영향력의 크기'라고 할 수 있습니다. 리더십은 구성원들의 자발성을 토대로 스스로 하도록 하는 것입니다. 지위나 환경적 요소를 이용하여 강제하는 것이 아닙니다. 부모라고 해서 자녀를 무조건 강제해서는 안 됩니다. 상급자라고 해서 하급자나 부하를 무조건 강제해서는 관리자나 보스는 될지언정 리더는 아닙니다. 목회자가 성도들을 어떤 이유나 방법으로든 강제하거나 공감대를 형성하지 못한다면 올바른 리더십을 발휘하지 못하는 것으로 봐야 합니다.

아무리 겉으로 멋져 보이고 능력 있는 사람이라도 내면적 인격이 리더로서 부적절하다면 결코 진정한 리더일 수 없습니다. 사회 곳곳에서 성공한 위치에 있는 분들조차도 겉 모습만 리더인 경우가 얼마나 많습니까? 남을 배려함은 조금도 찾아볼 수 없고 자신의 지위를 이용하여 사욕을 취하기에 바쁜 사람들을 지위와 권한만을 보고 리더라고 할 수는 없습니다. 그들은 아무리 사회적 지위가 높고 경력이 화려해도 다 가짜일 뿐입니다. 온전한 리더십을 알아야 합니다. 직원들에게 팔로워십(followership)을 강조하지만 정작 직원들은 제대로 된 리더가 없다고 한탄한다면 조직의 성과와 팀워크가 살아날 리 없겠지요. 리더가 먼저 살아나야 조직도 사는 법입니다.

2. 이 시대, 왜 다시 리더십이 중요한가

최근 우리 사회는 국내외를 막론하고 리더십의 혼란에 직면해 있다 해도 과언이 아닙니다. 사회 각계각층에서 리더십의 부재 현상이 나타나고 있습니다. 그 혼란의 틈바구니에서 애꿎은 구성원들만 애를 먹고 있습니다. 가정에서는 부모의 리더십 부재로 자녀들이 고생합니다. 직장에서는 경영자를 비롯한 리더들의 문제로 직장 구성원들이 존재의 혼란을 겪고 있습니다.

또한 국가적으로는 지도자들의 리더십 부재로 국민들이 정치적, 사회적 혼란 가운데 삶의 질이 떨어지고 미래에 대한 희망을 잃어가고 있습니다. 여기에 종교계의 리더십도 예외는 아닙니다. 이제는 사회가 종교계를 걱정하는 세태입니다.

리더십은 단지 리더 한 사람의 문제가 아닙니다. 리더의 영향력 범위 안에 있는 다수의 사람들에게 커다란 영향을 끼치기 때문입니다. 리더 한 사람의 문제로 당사자뿐만이 아니라 수많은 구성원들에게 피해를 줄 수 있다는 점에서 리더십은 중요하고 민감합니다.

최근의 국제 정세를 살펴보더라도 한 국가의 리더가 누구인가에 따라 그 국민들의 삶이 질이 얼마나 달라지는가를 알 수 있습니다. 우리는 이미 몇 년 전에 '아랍의 봄 현상'을 지켜보았습니다. 무려 40년이 넘게 장기 집권한 리비아의 카다피, 33년간 독재 정권을 유지한 예멘의 살레 대통령, 역시 30년간 대통령직을 지켜온 이집트의 독재자 무바라크 등의 퇴진이 줄을 이었습니다.

이처럼 중동지역에서 거세게 일었던 소위 아랍의 봄 현상은 2010년 튀니지의 작은 도시에서 시작되었습니다. 당시 실직 중이던 모하메드 부야지라는 26세 청년이 과일과 채소를 거리에서 팔다가 경찰로부터 판매허가가 없다고 모두 몰수당하고 폭행까지 당하게 되자 이런 경찰의 부당함에 항의하기 위해 분신자살을 시도하였습니다. 이를 찍은 영상이 페이스북에 올라가면서 전 세계의 주목을 받게 되었고, 24년간 통치하던 대통령 벤 알리 대통령이 직접 병문안을 가서 위로하며 사태를 수습하려 하지만 결국, 그 청년은 사망하였습니다.

이를 계기로 그간 높은 실업률로 좌절하던 수많은 청년들이 반기를 들면서 반정부 시위로 규모가 커지게 되었고, 대통령은 이후 진압과 회유를 거듭하며 2014년 대선에는 불출마하겠다고 표명했으나 국민들의 반정부 시위는 계속되었습니다. 결국, 벤 알리 대통령은 성난 민심에 굴복하고

2011년 1월 14일, 24년간의 독재를 마치고 사우디아라비아로 허겁지겁 망명하며 굴욕적인 종말을 맞았습니다. 이것을 '재스민 혁명'이라고 부릅니다. 그 유명한 아랍의 봄을 불러온 것입니다. 중동과 북아프리카의 수십 년 간 굶주리고 억압받던 국민들은 한 명의 잘못된 지도자 때문에 말할 수 없는 고통과 좌절의 세월을 살았던 것입니다. 그 지도자 한 개인의 영향력이 이처럼 엄청난 결과를 만들어냈습니다. 바로 이런 이유로 리더십이 중요합니다.

멀리 갈 것도 없이 북한의 동포들을 생각하면 어떻습니까? 이제 3대째 세습하며 정권을 유지하고 있는 북한의 지도자 때문에 얼마나 많은 사람들의 가슴에 한이 맺혀 있습니까? 직접적인 영향력 하에 있는 북한의 주민들은 물론이고 이산가족을 포함하여 남한의 우리 모두가 얼마나 한 서린 세월을 살고 있습니까? 국회의 국정감사 자료에 의하면 2011년 8월 말까지 이산가족 상봉을 신청한 12만 8천여 명의 이산 1세대 가운데 3분의 1에 해당하는 4만 7천여 명이 이미 사망한 것으로 추정됩니다. 8만여 명의 생존자들은 얼마나 애가 타겠습니까? 허무하게도 북한의 김정일은 누구도 예상하지 못한 가운데 갑작스런 죽음을 맞이하였습니다. 언젠가는 자신도 모르게 생을 마감할 날이 다가오는데, 살아 있는 동안에 그 많은 죄를 짓고 자신의 권력으로 수많은 사람의 인생을 핍박하는 어리석은 통치자가 되었음이 서글프기까지 합니다.

그 뒤를 이어 통치자의 자리에 오른 김정은의 리더십은 어떻습니까? 소위 공포 정치를 하고 있습니다. 갓 서른의 나이에 60대, 70대 원로들을 숙청하고 잔인한 방법으로 총살하는 모습을 통해 무엇을 느끼십니까? 그들이 그렇게 부르짖는 인민의 행복이 가능할까요? 갈수록 경제적으로 파탄

나고 정치적으로 혼란스러우며 외교적으로 국제 고아 신세가 되고 있습니다. 그 폐해는 고스란히 북한 주민의 몫으로 돌아갈 뿐입니다.

21C를 살아가는 우리의 가정 현실은 또 어떻습니까? 한 조사에 의하면 OECD 국가 가운데 우리나라 어린이, 청소년들의 주당 공부 시간은 평균 33.9시간 보다 많은 49.4시간입니다. 회원국 가운데 단연 1등이었습니다. 하지만 그들의 행복 지수는 OECD 평균 100점에 한참이나 모자란 65점으로 꼴등입니다.

교육과학기술부의 자료를 보면 우리나라 초·중·고생의 자살이 2009년에 들어 처음으로 한 해 200명을 넘어섰다고 합니다. 전년에 비해 무려 47%나 증가한 수치입니다. 이후 이런 수치는 유지되고 있습니다. 청소년 자살의 이유로는 가정불화가 으뜸입니다. 이유를 알 수 없는 경우도 29%에 이릅니다. 당사자는 정작 죽을 결심을 하고 있는데 주변의 어른들은 그런 기색조차 몰랐다는 얘기입니다.

요즈음 청소년들의 언어 습관을 보면 참으로 기가 막힙니다. 전국 초·중·고생 1,260명을 대상으로 한 교육과학기술부의 조사에 의하면, 대상 청소년들의 73.4%가 '매일 한 차례 이상 욕설을 한다'라고 응답했습니다. 그 대상은 70%가 친구였습니다. 그러니까 우리나라의 청소년들은 세상에서 가장 공부하는 시간은 많은 편이지만 매일같이 친구들과 욕설로 대화하면서 죽고 싶을 만큼 재미없이 사는 것입니다. 그 이유 가운데 중요한 한 가지는 바로 가정 불화 때문입니다.

얼마 전 한 병원에서 조사한 서울의 초등학교 학생들을 분석한 결과를 보면 대상자의 80%가 '아버지에게 불만족한다'고 응답했다고 합니다. 특히 학년이 올라갈수록 아버지에 대한 부정적인 감정이 커진다는 것입니다. 3학년 학생들은 45%가 아버지에 대한 부정적인 모습을 나타냈는데, 6학년 학생들은 56%가 부정적이라고 대답했습니다. 이런 부정적인 모습의 원인으로는 늦은 귀가, 술과 담배, 소통의 단절 등을 들었습니다.

최근 여성가족부의 조사 결과를 보면 우리나라 가정의 무려 54.8%가 가정 폭력을 경험했다고 합니다. 두 가정 중 한 가정은 가정 내 폭력을 경험했다는 말인데 실감이 나지 않을 정도입니다. 이런 지경까지 이르게 된 데에는 결국, 올바른 가정의 리더십이 없었기 때문입니다. 그 결과 오늘날 가정의 붕괴와 해체는 그 속도를 더 높여가고 있습니다.

우리는 21세기가 되면 소득이 3만 불, 4만 불을 넘어서고 세상이 달라지며 모두가 행복한 삶을 살 것처럼 생각했습니다. 실제로 많은 부분에서 엄청난 변화의 물결이 불어 닥치고 있습니다. 하지만 웬일인지 가정의 행복지수는 좀처럼 높아질 기미가 보이지 않습니다. 가정에서의 리더십에 문제가 있기 때문입니다. 가정이 바로 서지 못하면 직장에서의 생산성도 떨어집니다. 당연히 사회 전체가 건강해질 수 없습니다.

여성가족부의 제2차 가족 실태조사에 의하면, 급속한 가족에 대한 가치관의 변화와 치열한 경쟁, 혼란 속에서도 가족은 여전히 위의 정서적 기능을 담당하는 중요한 역할의 산실입니다. 세상을 살면서 가장 의지가 되는 사람이 배우자, 자녀, 부모라고 응답한 비율이 절대적으로 많았다는 것입니다. 다문화 사회가 되면서 가족의 범위와 역할의 변화가 가속화되고 있습니다. 이런 상황 가운데 가정의 리더십은 어떻게 변화하고 있습니까? 가정의 리더십이 제대로 서 있기는 한 것입니까? 누구도 자신 있게 "그렇다."라고 대답하기 어려울 것입니다.

가정에서의 리더십이 바로 서지 못하면 결국, 그 가족 구성원의 행복은 기대하기 어렵고, 그런 불행한 가정에서 자란 아이들이 사회에서 건강한 리더로 성장하길 기대하는 것도 무리입니다. 가정에서 올바른 리더십을 발휘하지 못하는 사람이 직장이나 조직 공동체에서 건강한 리더십을 발휘할 수는 없습니다.

가정에서의 리더십이 바로 서지 못하면 가정 밖에서의 리더십도 바로 서기 힘듭니다. 심지어 목회자의 경우도 예외는 아닙니다. 최근엔 이혼하는 목회자 가정이 과거보다 늘고 있는 것도 간과할 수 없는 문제입니다. 그분들의 속사정까지야 일일이 알 수 없지만, 목회자로서 가정에서의 리더십을 제대로 세우지 못했기 때문입니다. 일방적이고 억압적인 모습을 보이며 자녀와의 관계가 깨지고 부부 사이가 멀어져서 이혼까지 이르는 것입니다. 이런 경우 아무리 교회에서 다른 모습을 보인다고 해도 그런 리더십에는 한계가 있을 수밖에 없습니다. 그런 목회자의 양육을 받는 성도들이 행복하기엔 무리가 따릅니다.

리더십은 중요합니다. 리더 자신을 위해서도 중요함은 물론이고 다수의 구성원들을 위해서는 더욱 중요합니다. 그래서 아무나 리더가 되어서는 안 됩니다. 아무나 리더가 될 수도 없습니다. 하지만 누구나 올바른 리더가 될 가능성은 있습니다. 올바른 리더십을 이해하고, 리더의 자질을 훈련하여 갖춘다면 누구라도 리더가 될 수 있습니다. 자신의 영역에서 올바른 리더가 된다는 것은 그 만큼 올바른 영향력을 발휘하여 많은 구성원들을 행복하게 만들 수가 있다는 말입니다. 이 얼마나 가치 있는 일입니까?

가끔 멋진 기업가를 만나게 될 때가 있습니다. 직접 대면하기도 하고 언론을 통해서 간접적으로 만나게도 됩니다. 우리나라에도 외국 선진 기업

못지않은 기업가 정신으로 직원들을 대하고 경영 철학을 펼치는 분들이 있습니다. 어느 기업은 구글처럼 회사 1층을 직원을 위한 카페와 식당으로 구성하여 언제든지 직원들이 내려와서 차를 마시고 식사할 수 있도록 배려하기도 합니다. 휴게실에 안락의자와 소파를 비치하여 근무 중 머리를 식히거나 게임을 하기도 하고 심지어 낮잠을 즐기기도 합니다. 회사 지하에 수영장을 만들어 놓고 근무 중에 수영해도 근무 시간으로 인정하는 회사도 있습니다.

요즘처럼 경쟁이 치열한 시대에 일견 경영자로서 이런 결정을 내린다는 것은 비정상이라고 생각할 수도 있습니다. 하지만 이런 회사의 업무 집중도와 직원 만족도는 매우 높다는 사실에 주목해야 합니다. 물론 퇴직률도 매우 낮습니다. 직원을 배려하고 존중하는 리더십의 결과는 그대로 생산성으로 연결됩니다. 이제 변화 시대의 리더십은 하드웨어적인 것으로만 나타나지 않습니다. 내면을 관리하고 배려하는 리더십을 통해서 경쟁력을 이끌어 내야 합니다. 위대한 리더십은 조직을 살리고 직원을 살립니다.

3. 래프팅과 같은 급변의 시대, 리더십이 중요하다

언젠가 한 예능 프로그램에서 출연진들이 단기간에 강도 높은 훈련을 소화하면서 조정 경기에 참가하는 과정을 보여준 적이 있습니다. 6~7명의 멤버들은 처음에는 매우 서툴고 힘들어했지만 경기 당일에는 무사히 목표 지점까지 완주하였고 다양한 에피소드를 전해 주었습니다. 그런데 이렇게 배를 타고 물 위에서 하는 스포츠가 또 하나 있습니다. 바로 래프팅입니다.

주로 강원도를 비롯한 물살이 제법 있는 강에서 많이 합니다. 회사에서 동호회 활동으로 하기도 하고, 여름이면 아이들도 체험 학습으로 즐깁니다.

조정이나 래프팅이 물 위에서 배를 타고 하는 스포츠라는 공통점이 있는 반면에 여러 면에서 차이점이 있습니다. 우선 환경이 다릅니다. 조정은 잔잔한 강에서 하는 반면에 래프팅은 급류에서 합니다. 조정은 목표지점을 멀리서라도 보면서 나아가지만, 래프팅은 목표지점을 볼 수 없습니다. 급류를 타고 굽이굽이 돌아서 가다가 어느 일정 지점에 이르러야 목표지점이 보입니다. 조정은 구성원들이 목표지점을 등지고 앉아서 노를 젓습니다. 리더만이 앞을 보면서 간다는 것입니다. 하지만 래프팅은 전원이 앞을 보면서 갑니다.

이상에서 살펴본 조정과 래프팅의 차이를 오늘날의 기업이나 조직 공동체에 대입해 볼 수 있습니다. 먼저 조정의 환경은 과거의 조직이 처했던 환경과 유사합니다. 그다지 큰 변화의 물결이 별로 없었지요. 지난 세기에는 오늘날과 같은 커다란 변화의 물결은 적었다는 것입니다. 하지만 래프팅은 오늘날의 환경과 비슷합니다. 급류의 물살처럼 오늘날의 환경은 변화무쌍합니다.

조정이 목표지점을 바라보면서 간다는 것은 과거의 환경은 어느 정도 예측이 가능한 상황이었다는 것입니다. 하지만 래프팅처럼 현재 상황은 막상 변화가 임박하기 전까지는 예측이 어려운 환경입니다. 어느 조직이나 공동체든 변화의 예측이 녹록지 않습니다. 그래서 기획실의 기능이 더욱 중요해지고 있습니다.

조정 경기는 구성원들은 목표지점을 등지고 노를 젓습니다. 그리고 리더만 앞을 향해 앉습니다. 과거의 조직은 구성원들에게는 정보가 제약되어 있었습니다. 리더에 의해 정보가 독점되다시피 하여 리더에게 정보를 전적으로 의지하였습니다. 하지만 전원이 앞을 향하여 노를 젓는 래프팅의 시대에는 모두에게 정보가 노출되고 공개되어 있습니다. 그 정보를 어떻게 해석하는가의 차이는 있겠지만 어쨌든 모두에게 정보가 제공되는 환경입니다.

그런데 이런 조정과 래프팅의 차이를 살펴보다 보면 재미있는 법칙이 하나 떠오릅니다. 조정 경기는 '덧셈의 법칙'이 적용되며 래프팅은 '곱셈의 법칙'이 적용됩니다. 조정 경기에서 구성원 중 한 명이 몸 상태가 좋지 않다고 합시다. 그렇다고 배가 나아가는데 문제는 없습니다. 다만 속도가 조금 늦어질 뿐입니다. 하지만 래프팅은 다릅니다. 만약 구성원 가운데 한 명이 제 역할을 하지 못하는 상황이 된다면 배가 전복되거나 침몰할 가능성이 급격히 커지게 됩니다.

'덧셈의 법칙'은 무엇일까요? 덧셈은 앞에서 숫자를 더해가다가 중간에 0이 나오더라도 그 합계는 남게 됩니다. 하지만 '곱셈의 법칙'은 다릅니다. 아무리 큰 숫자를 곱해가다가도 중간에 0이 나오면 모든 것이 0이 되어 버립니다. 조정 경기의 시대에는 조직 안에서 나 한 사람이 묻어가는 일도 가능했다면, 지금의 래프팅 시대에는 나 한 사람의 영향력이 그 어느 때보다도 크게 작용합니다.

과거에는 조직이나 공동체 안에서 나 한 사람의 역할이 그리 크게 부각되지 않을 수 있었습니다. 그러나 래프팅의 시대인 현재의 조직에서는 한 사람의 영향력이 생각보다 큽니다. 특히 그 한 사람이 리더의 자리에 있다면 그 영향력은 상상을 초월할 수 있습니다. 이것이 우리가 모두 리더십에 관심을 가져야 하는, 올바른 리더십을 갖출 필요가 있는 이유입니다.

래프팅과 같은 가정에서 나 한 사람의 역할을 어떻게 소홀히 하겠습니까? 어떻게 다른 누군가의 손에만 맡기고 있겠습니까? 사공이 많으면 배가 산으로 간다고 했습니다. 하지만 우리가 모두 제대로 리더십을 갖추고 있다면 배가 산으로 가게 만들지는 않을 것입니다. 리더십이 없으니까, 제대로 된 리더가 없으니까 배가 산으로 가는 것입니다.

역사에 '만약이라는 가정은 없다'고 하지만, 만약 세종의 리더십이 없었다면 우리의 역사는 어떻게 바뀌었을까요? 이순신의 리더십이 없었다면 어땠을까요? 한 사람의 제대로 된 리더가 온 민족을 구해냅니다. 한 사람의 올바른 리더십이 가정과 직장, 온 국가에 영향을 미칩니다. 우리 모두가 자신의 속한 영역에서 올바른 리더십을 발휘하기 위해 준비해야 할 때입니다. 누군가가 해야 할 일이며 그 누군가는 바로 나 자신이 되어야 합니다. 리더는 타고나는 것이 아닙니다. 누구나 리더십을 훈련해야 합니다. 조직에서 리더가 양성되지 못하면 경쟁력은 상실되고 말 것입니다.

Chapter 2
당신의 리더십 수준은 몇 단계인가

1. 영향력의 형태와 크기가 리더십을 결정한다

앞에서 이미 언급했듯이 리더십의 정의와 접근 방법은 참으로 다양합니다. 각자의 상황에 따라서 해석하고 적용하는 방법이 다르기 때문입니다. 하지만 어떤 리더십이 좋다거나 옳다고 말하기엔 무리가 있습니다. 오히려 '어떻게 수용하고 적용하는가?'가 더 중요합니다. 따라서 여기에서 소개하는 리더십의 개념이 가장 좋다거나 옳은 것이라고도 할 수 없습니다. 다만 제가 연구하고 강의하는 리더십의 개념을 중심으로 소개하겠습니다.

이 시대의 리더십 대가들은 많습니다. 그 가운데 저는 리더십의 개념을 가장 알기 쉽게 정의하고 체계적으로 리더십 단계를 정리한 존 맥스웰 박사의 리더십 개념을 바탕으로 소개하겠습니다.

존 맥스웰 박사는 수 십 년의 풍부한 리더십 경험을 바탕으로 리더십의 개념을 정리하고 적용했으며, 활동 영역을 넓혀서 최근까지 리더십 전문가로서 저술과 강연으로 활발한 활동을 펼치고 있는 세계적인 베스트셀러 작가이기도 합니다.

《리더십의 법칙》과 《리더십 21가지 법칙》을 통해서 그는 한 마디로 '리더십은 영향력이다'라고 정의합니다. 그는 리더십의 법칙 가운데 '영향력의 법칙'에서 리더십이란 자신이 속한 조직이나 공동체의 구성원들에게 미치는 영향력을 말한다고 했습니다. 그러면서 리더십의 단계를 5단계로 구분했습니다. 이것은 가정이나 직장, 교회 등 어느 조직에서도 적용할 수 있습니다. 이를 올바로 적용하여 리더십의 바른 모습을 세워갔으면 좋겠습니다.

기업 안에도 많은 조직이 있습니다. 그런데 그 조직의 구성원들에게 가장 큰 영향력을 발휘하는 사람이 누구입니까? 그 조직의 회장이나 임원보다 사실은 그 영향력을 행사하는 사람이 진짜 리더입니다. 직장이나 단체 등의 모임 가운데 직책으로는 누군가가 회장이지만 발언권이나 구성원들에게 미치는 영향력이 다른 누군가가 더 큰 경우가 있습니다. 사람들은 회장보다는 그 사람의 의도를 더 중요시합니다. 그 사람의 결정을 더 존중하고 따릅니다. 그렇다면 그 조직에서의 진짜 리더는 회장이 아니라 사실은 그 사람인 것입니다. 이게 영향력의 법칙이고 리더십입니다.

영향력이란 사람들의 생각을 바꾸고 그 결과 행동을 바꾸도록 하는 능력입니다. '구성원들에게 어떻게 영향력을 행사하는가'라는 점이 리더십의 관건입니다. 이렇게 영향력과 리더십은 동전의 앞면과 뒷면의 관계와 같습니다.

이런 영향력은 상황에 따라서 조금씩 다른 방법을 통해서 행사됩니다.

때로는 설득하기도 하고, 격려하거나 직접 모범을 보이기도 합니다. 이런 다양한 방법을 통하여 구성원들에게 행동하도록 하는 것을 영향력으로 정의할 수 있습니다. 따라서 그런 방법이 바로 우리가 익히고자 하는 리더십의 스킬이라 할 수 있습니다.

어떤 조직이나 공동체에서든지 리더의 영향력의 크기가 그 조직의 수준을 결정하고 미래의 발전으로 연결됩니다. 리더의 영향력의 크기가 작을 때, 구성원의 리더십도 커질 수가 없습니다. 조직의 구성원들을 성장하게 하고 조직의 비전을 달성하는 것이 리더의 본연의 책임입니다. 이런 역할을 할 수 없는 리더는 진정한 리더가 아닙니다.

우리는 리더에 대해 몇 가지 오해하고 있습니다. 우선 고위직에 있으면 리더라는 오해입니다. 어느 조직이나 서열이 있기 마련입니다. 그러나 그 서열상의 상위에 위치한다고 저절로 리더가 되는 것은 아닙니다. 많은 경험과 지식이 있어야 리더가 되는 것으로 생각하기도 합니다. 하지만 리더 혼자서는 성과를 낼 수 없습니다. 항상 구성원과 함께 호흡을 맞추고 구성원 개개인의 역량을 활용하여 적재적소에 일할 사람을 배치하여 성과를 내는 것입니다. 리더 자신이 모든 경험을 해봐야만 하는 것도 아니고, 리더 자신이 모든 것을 알아야만 하는 것도 아닙니다. 리더십의 본질을 이해하고 일의 프로세스만 정확하게 파악한다면 얼마든지 성과를 낼 수 있습니다. 리더는 콘텐츠 전문가보다는 프로세스 전문가가 되어야합니다.

이처럼 리더는 어느 특정 영역에서의 탁월한 능력만으로 되는 것이 아니고 그 조직이나 공동체에서 어떤 형태로 얼마나 영향력을 긍정적으로 행사하고 있느냐가 중요합니다. 이런 영향력의 형태와 크기가 리더십을 결정합니다.

영향력에는 긍정적인 것과 부정적인 것이 있습니다. 우리가 말하는 리더십의 영향력이란 당연히 긍정적인 영향력이 강하게 작용하여 조직과 구성원에게 공헌을 하는 것을 의미합니다. 하지만 부정적인 영향력을 강하게 활용하면 불행하고 위험하게 됩니다. 이것은 리더십의 영향력과는 거리가 먼 것입니다. 리더의 올바른 영향력이 있을 때 조직 구성원들의 몰입도가 높아집니다. 그런데 이런 영향력은 하루아침에 생기는 것이 아니고 일정한 시간이 걸려서 생기게 됩니다. 이런 기본 원리를 아는 것이 리더십을 향상하는 첫걸음입니다.

2. 진정한 리더가 되려면 리더십의 5단계를 이해하라

그렇다면 리더십의 5단계는 어떻게 구분되는 것일까요? 먼저 가장 낮은 단계인 1단계 리더십은 권한과 지위(right & position)에 의한 것입니다. 이 단계의 리더는 자신이 가진 지위, 직책, 권한 등에 의해 리더십을 발휘하고 구성원들을 이끌어 갑니다. 바꾸어 말하면 구성원들은 그 리더를 단지 지위가 있으므로 따르게 됩니다. 그 지위만 아니라면 따르지 않을 수도 있습니다. 우리는 과거의 리더십 패러다임 때문에 이런 것이 리더십이라고 생각해오고 있습니다.

물론 1단계 리더가 되는 것도 그냥 저절로 되는 것은 아닙니다. 자신이 노력해서 얻어야 합니다. 직장에서라면 노력해서 팀장이나 임원의 자리에 올라가야 합니다. 교회와 같은 단체에서도 저절로 쉽게 어떤 직책을 맡게 되는 것은 아닙니다. 활동 정도와 기여도에 따라서 주위의 인정 하에 얻게 됩니다. 가정에서도 누군가와 결혼이라는 절차를 거쳐서 자녀를 낳아야 가정에서의 리더가 되는 것이지요. 어쨌든 1단계 리더는 자신이 노력해서 일정한 지위를 얻습니다. 구성원들은 단지 그 지위 때문에 따르는 수준을 말합니다.

요즘 같은 시대에는 1단계 리더가 되는 것조차 사실 쉬운 일은 아닙니다. 교육과학기술부의 자료에 의하면, 전문대 이상의 졸업자 가운데 취업한 비율이 48.3%에 불과합니다. 게다가 비수도권 대학을 졸업한 경우의 취업률은 수도권 대학 출신의 20% 수준입니다. 취업 자체가 힘든 이런 상황에서 직장에서 일정 지위에 오른다는 사실만으로도 훌륭합니다. 우리나라의 농어촌을 중심으로 다문화 가정이 다섯 가정 가운데 거의 한 가정이 있을 정도로 많아졌습니다. 요즘 시골에서 이장이라도 하려면 최소한 5개 정도의 외국어는 해야 가능하다는 말이 있을 정도입니다. 이렇게 결혼하기도 힘든 세상에 결혼하여 가정을 꾸리고 자녀를 낳는 것만도 대단한 일입니다.

하지만 1단계 리더십은 거기까지입니다. 그렇게 노력하여 리더가 되어도 구성원들이 자신의 지위가 아니면 따르지 않는다면 이것이 1단계 리더십의 한계입니다. 물론 리더의 권위는 존중되어야 합니다. 하지만 권위가 있는 리더와 권위적인 리더는 분명히 다릅니다. 이런 1단계 리더는 사실 리더라기보다 보스나 관리자에 가깝습니다. 보스는 구성원들을 관리하고 통제하지만, 리더는 구성원들을 이끕니다. 보스는 구성원들에게 두려움을 일으키지만, 리더는 구성원들에게 열정을 일으킵니다. 보스는 구성원들에게 '내가'라고 말하지만, 리더는 '우리'라고 말합니다. 보스는 실패의 책임을 묻습니다. 그러나 리더는 그 실패를 고쳐주고 함께 안아줍니다. 이렇게 리더는 보스와는 엄연히 다릅니다. 1단계 리더의 본질을 올바로 이해하고 그 다음 단계로 올라가는 노력이 필요합니다.

2단계 리더십은 관계와 허용(relationship & permission)에 의한 것입니다. 이 단계의 리더십은 구성원들이 리더를 위해서 움직이는 단계입니다. 단지 리더의 지위나 권한 때문만이 아니라 리더와의 긍정적인 관계가 형성되었기 때문에 따르는 것입니다. 이 단계가 되려면 리더는 구성원들의 마음을 알아야 합니다. 구성원들은 리더가 얼마나 다양한 지식을 알고 있는지는 관심이 없습니다. 오히려 리더가 자신들에 대해서 얼마나 알고 있으며 관심을 가졌는지에 더 주목합니다.

직장에서도 리더였던 분이 다른 부서로 옮겨 갔음에도 여전히 그 리더를 따른다면 이것은 2단계 리더십입니다. 야근해야 하는 상황에서 단지 팀장이 시키니까 해야 하는 것이 아니라 팀장을 믿고 좋아하니까 해야 한다고 적극적으로 생각하는 구성원이 있다면 그는 2단계 리더입니다.

조직에서 구성원에게 영향력을 행사하여 움직이게 하는 방법은 여러 가지가 있습니다. 가장 기본적인 수단이 지위를 이용하는 것입니다. 그런데 간혹 그것만도 못한 수단을 사용하는 경우도 있습니다. 협박이나 폭력을 사용하는 것입니다. 이것은 리더가 할 일이 아닙니다.

따르고 싶은 리더십을 만들기 위해서는 우선 '관계'라는 요인을 충족시켜야 합니다. 아무리 실력이 있어도 관계라는 다리가 놓이지 않으면 다음 단계로 건너갈 수가 없습니다. 여기에서 관계는 단순히 인간적인 친한 정도를 말하는 것이 아닙니다. 신뢰와 존중의 관계를 말합니다. 회식자리에서 술 마시고 밥 먹는다고 관계가 좋아지는 것은 아닙니다. 평소의 언행을 통하여 관계의 틀을 만들어가야 합니다. 고향이 같다고, 학연이 있다고 관계 리더십이 만들어지는 것이 아닙니다. 인격적인 관계가 만들어져야 하는 것입니다. 이것이 2단계 리더십입니다.

〈영향력의 방법, 존 맥스웰〉

리더가 된다면 적어도 팀원을 움직이게 하는 대신 그에 상응하는 무엇인가의 가치를 제공하는 교환의 방법을 사용하거나 설득의 방법이 필요합니다. 궁극적으로는 인격을 통해 움직이게 해야 합니다. 따라서 1단계 리더십을 넘어서 2단계 리더가 되어야 이것이 가능합니다. 구성원들이 리더를 마음으로 받아들이지 않는다면 아직 리더가 아니라 보스일 가능성이 높습니다. 2단계 리더십은 머리를 통해서가 아니라 마음을 통해서 관계를 만들 때 비로소 가능합니다.

특히 2단계 리더십을 거치지 않고 3단계 리더로 올라가서는 안 됩니다. 여기에서 소개하는 모든 단계의 리더십은 반드시 차례대로 거쳐야 합니다. 이론적으로 따지면 1단계 리더십에서 3단계 리더십으로 바로 올라갈 수 있을 것 같아 보입니다. 그러나 만약 2단계 리더십을 거치지 않고 올라간다면 그 조직은 나중에 분열하고 깨질 수 있습니다. 리더십을 유지할 수 없는 상황이 올 수 있다는 것입니다. 실제로 2단계를 건너뛰고 3단계로 올라가는 것은 불가능합니다.

직장에서 퇴사하는 사람들이 가장 많이 이야기하는 퇴사의 이유는 '조직 내의 상사와 관계가 깨졌기 때문'이라고 합니다. 그 상사가 아무리 합당한 지위를 가졌고 출중한 능력이 있다 해도 자신과의 관계에 문제가 심각하다면 더 함께 일할 수는 없습니다. 어느 CEO가 아무리 지식이 많고 경영을 잘하며 회사를 발전시켰다고 해도 직원들과 마찰이 있고 신뢰가 깨지면 더 이상 리더십을 발휘할 수 없게 됩니다. 관계를 무시한 성과는 무의미합니다.

3단계 리더십은 결과와 성과(result & production)에 의한 것입니다. 많은 조직에서 보면 일정한 지위를 가지고 있으면서 구성원들과 좋은 관계를 유지하고 있는 리더가 있습니다. 그런데 그 조직에서의 성과를 만들어 내지는 못하는 경우라면 구성원들이 그 리더를 따르는 데에도 한계가 있습니다. 조직에서 리더를 세우는 것은 어떻든 바람직한 성과를 내기 위함입니다. 그런데 리더가 구성원들과 좋은 관계만 유지하고 궁극적인 성과를 만들어 내지 못한다면 조직의 존재 목적에도 도움이 되지 않기에 문제가 됩니다.

이런 의미에서 3단계 리더는 조직에서의 성과를 만들어 내는 능력을 갖추었기에 구성원의 인정받는 것이고 그들이 따르도록 만드는 것입니다. 여기에서의 성과란 조직의 성격에 따라서 매우 다양합니다. 회사의 경우라면 매출이나 생산성 향상, 새로운 고객 확보 등의 결과가 성과입니다. 또한 연구 개발의 실적이 되기도 하고 협력업체 발굴이나 팀원들의 역량 향상 등의 여러 활동 등이 성과라고 할 수 있습니다. 아무리 구성원들과 사이좋게 지낸다고 해도 어느 회사의 리더가 조직에서 원하는 성과를 내지 못한다면 그는 리더의 자리에 더 이상 있을 수 없게 됩니다.

자원봉사 단체 조직에서의 성과라면 자원봉사자 모집을 잘한다든지 효과적인 봉사활동 프로그램을 개발하여 전파하는 등의 활동이 성과가 됩니다. 그렇다면 가정에서의 성과는 무엇이 있을까요? 기본적으로는 가정 경제에 보탬이 되도록 경제 활동을 활발히 하는 것입니다. 그리고 자녀 교육에 있어서 좋은 모델이 되는 것입니다. 또는 가족 구성원들이 화목하고 행복한 가정생활을 할 수 있도록 정서적인 부분이나 물리적인 부분을 잘 아우르는 것도 해당합니다.

성과나 결과를 만들어 내는 능력이 3단계 리더십이라는 부분에 있어서 오해의 소지가 있을 수 있습니다. 회사나 조직 등에서 성과를 내는 능력이 중요한 것은 쉽게 이해할 수 있다고 해도 가정에서도 성과를 내야만 리더로 인정받는 것인가 하는 문제입니다. 부모가 돈을 많이 벌지 못하면 가정에서 리더로 인정받을 수 없느냐는 것이지요.

그래서 성과나 결과물에 대한 범위와 개념이 중요합니다. 이미 언급한 대로 성과나 결과란 반드시 물질적이고 수치화된 것만을 의미하지는 않습니다. 그 조직이나 공동체에서 가치 있게 여기는 목표라면 무엇이든 성과로 인정할 수 있습니다. 이익을 목적으로 하는 회사에서 원하는 결과와 신뢰와 사랑을 바탕으로 한 가정에서의 성과물을 꼭 같이 해석해서는 안 됩니다. 3단계 리더십의 핵심은 해당 조직에서 리더로서 해야 할 역할을 통해 일정 수준 이상의 성과를 만들 수 있는 역량이 필요합니다. 그런 능력을 통하여 구성원들이 신뢰하고 따르도록 하는 것이 3단계의 리더십입니다.

아무리 친목을 목적으로 한 조직이라도 그 조직의 리더가 된 이상은 그 조직에서의 바람직한 성과를 내야 합니다. 그 어느 단체보다도 화합할 수 있는 분위기를 만들든지, 모든 회원들이 언제나 함께하고 싶은 마음이 들도록 하든지, 강제로 요구하지 않아도 자발적으로 회비를 내도록 하든지 조직마다 성과의 종류와 방법은 여러 가지입니다. 이런 배경 하에서 보면 기업이든 가정이든 3단계 리더가 되기 위한 각각의 역량이 무엇인지 파악하고 그 역량을 강화하는 노력이 없이는 3단계 리더가 될 수 없습니다.

4단계 리더십은 재생산과 육성(reproduction & people)에 의한 것입니다. 이 단계가 가장 중요하면서 어렵습니다. 리더십은 궁극적으로 이 4단계의 리더가 되는 것을 목표로 합니다. 이 단계의 리더십을 지금까지의 보통의 리더십에 대응하여 위대한 리더십이라고 할 수 있습니다. 리더십 단계는 리더 자신에게 초점이 맞춰져 있습니다. 리더 자신이 지위를 얻는 것이고, 리더 자신이 관계를 형성하는 것이며 리더 자신이 능력을 발휘하여 성과를 내는 것이었습니다. 그러나 이 4단계 리더십은 초점이 구성원에게 맞춰져야 합니다. 이제는 리더 자신만 잘해서는 안 됩니다. 리더 자신처럼 잘할 수 있는 타인을 육성해 내야 합니다.

직장에서도 자신은 때에 따라 승진도 잘하고 조직에서 인정도 받지만 자신의 부하 직원들은 잘 못 챙기는 경우가 있습니다. 아니 간혹 안 챙기는 리더가 있습니다. 오히려 부하가 성장하는 것을 경계하며 경쟁하는 사람도 있습니다. 그는 3단계 리더에 머물러 있는 것입니다. 그런 리더에게는 사람이 모이지 않으며 뒷말의 대상이 되기도 합니다.

동서고금을 막론하고 후계자를 육성하는 일에 소홀한 조직은 망할 수밖에 없었습니다. 자신만이 혼자서 해야 한다고 생각하고 후계자들 경계하여 오히려 억압했던 시대와 조직은 암울했습니다. 그래서 독재 권력이 생겨나고 권력 암투가 생긴 것입니다. 후계 구도의 길을 터주지 않으니까 힘으로 치고 올라가려고 하고 배신과 음모가 난무할 수밖에 없습니다. 그런 조직의 구성원들은 투명하지 못한 후계 구도 때문에 혼란스러워하고 조직에 대한 비전과 신뢰를 잃게 됩니다.

최근에 기업에서 리더십의 평가 목록 가운데 가장 역점을 두는 것 하나가 바로 '얼마나 유능한 인재를 많이 육성했느냐' 입니다. 자신만 능력을 갖추고, 자신만 성과를 낸다면 그는 단지 유능한 실무자에 지나지 않습니다. 리더란 자신과 같은 출중한 능력을 갖춘 구성원을 지속적으로 육성해야 합니다. 내가 잘하는 것과 남도 잘하게 하는 것은 전혀 다른 문제입니다. 스타플레이어가 꼭 유능한 감독이 되는 것도, 공부 잘하는 수재가 꼭 유능한 교사가 되는 것은 아닙니다. 따라서 타인을 육성하고 계발하는 것은 리더의 대단히 중요한 임무이자 독특한 역량입니다.

이런 4단계 리더십을 위해서는 먼저 리더의 자세가 중요합니다. 구성원들을 사랑하고 진심으로 위하는 자세가 없으면 불가능하기 때문입니다. 자신의 성과를 위한 도구나 수단으로 육성하는 것이 아니고 진정으로 그들을 위해서 육성해야 합니다. 또한 마음만으로 육성할 수 있는 것은 아닙니다. 육성할 수 있는 실력이 있어야 합니다. 단지 내가 잘한다고 남도 잘하게 할 수는 없습니다. 남을 잘하게 하는 것은 일정한 수준의 경험과 스킬이 필요합니다. 육성을 위한 훈련도 필요합니다. 여기에 대해서는 3장에서 자세히 다루겠습니다.

실제 외국의 초우량 기업들은 대부분 경영자 승계 프로그램을 도입하고 있습니다. 어느 날 갑자기 CEO가 바뀌었다며 혼란을 만들지 않습니다. 수년간 자체적으로 경영자 후보군을 형성하여 그들 가운데 서서히 압축하고 관찰하는 육성 프로그램을 활용합니다. 그래서 일정 직급의 리더들은 경영자 후보가 누구인지 대략 파악하고 있으며 당사자도 후보군의 일원으로 열심히 리더십을 함양하게 됩니다. 리더가 자신을 이어서 리더십의 자리에 오를 후보를 육성하지 못하면 그 리더도 좋은 평가를 받지 못하게 됩니다. 리더가 리더를 육성하는 시스템을 통하여 지속해서 자사에 맞는 리더가 양성되도록 하는 것입니다.

요즘처럼 기업하기가 어렵다고 하는 시대에도 꾸준히 성장하는 기업의 특징 가운데 하나는 위대한 리더십입니다. 좋은 복리후생을 통해 직원들의 사기를 올리는 것은 한계가 있습니다. 그 조직에서 자신이 존중받고 있음을 느끼게 해주는 것이 훨씬 좋은 동기부여 방법입니다. 그 조직에서 자신이 성장하고 있음을 느끼게 해주고 그런 기회를 보장해 주는 리더십이 중요합니다. 이런 회사는 어려움을 헤치고 성장하게 됩니다. 뜻밖에 이것을 모르는 경영자가 너무 많습니다.

그저 카리스마를 외치며 강력하게 밀어붙이면 잘하는 것으로 여기는 리더들이 여전히 존재합니다. '나 아니면 안 된다'는 생각이 조직의 정체를 만듭니다. 결과적으로는 조직을 퇴보하게 합니다. '리더가 구성원들과 소통한다'는 것은 단지 대화의 시간을 늘리는 것만을 의미하진 않습니다. 그것은 바로 조직에 활력을 불어넣는 일입니다. 그런 이유로 세대 간의 조화와 통합을 이뤄야 하며, 자연적으로 리더십을 계승하고 리더를 육성하는 노력이 병행되어야 가능합니다.

이 시대의 팀워크는 일체감이나 통일성만을 요구하지 않습니다. 다양성의 조화가 진정한 팀워크입니다. 그래서 래프팅의 시대인 것입니다. 조정경기처럼 일사불란함만이 팀워크가 아니라 래프팅처럼 구성원들이 각자의 위치에서 충분히 제 역량을 발휘할 수 있도록 조화를 이루는 것이 팀워크입니다. 따라서 조직의 소통과 리더의 육성이 제대로 이뤄져야 팀워크의 발휘가 가능합니다. 그래야 경쟁력 있는 조직으로 변화할 수 있습니다. 조직 내에서 활발하게 소통하고 리더를 육성하여 기회를 제공해 주는 조직이 성장합니다. 이것이 4단계 리더십이 중요한 이유입니다.

가정에서의 리더십도 마찬가지입니다. 가정의 리더인 부모는 자녀들을 양육합니다. 특히 우리나라의 부모들은 자녀의 실력 향상과 진학 지도에 그 어느 나라의 부모보다 열성적입니다. 그렇다면 우리나라의 부모들은 모두 4단계의 리더일까요? 4단계의 리더십은 그것을 의미하는 것이 아닙니다. 자녀들이 진정으로 올바른 인격체로서 사회에서 긍정적인 영향력을 발휘할 수 있도록 양육하는 것이 중요합니다.

이것은 학력이나 실력의 문제가 아니라 인격의 문제입니다. 삶의 가치관을 바로 잡아주고 건강한 인격체로서 살아갈 의미를 갖게 해주는 것과 거기에 현실을 살아갈 능력을 키워주는 것이 필요합니다. 자녀의 입장에서 자신의 부모를 통하여 이런 인격적인 훈련을 받는다면 그 부모가 바로 4단계 리더입니다. 부모라는 지위만 있을 뿐 소통이나 교감도 없고 가정의 존재 목적을 위한 성과를 만들지도 못하면서 이래라저래라 한다면 그는 1단계 리더의 수준에 머물고 있을 뿐입니다. 오히려 가정에서의 리더십이 가장 어려울 수 있습니다.

5단계의 리더십은 진정으로 위대한 것입니다. 이것은 시간과 공간을 초

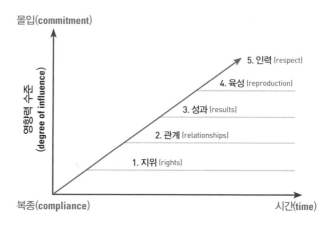

〈리더십의 5단계, 존 맥스웰〉

월하기 때문입니다. 5단계는 인격과 존경(respect & personhood)을 통한 리더십입니다. 4단계의 리더십까지는 자신의 노력과 의지로 올라갈 수 있습니다. 이것도 물론 쉬운 일은 아니지만 어쨌든 자신의 꾸준한 노력과 강한 의지로 달성할 수 있습니다. 하지만 5단계 리더십은 자신의 의지로 되는 것이 아닙니다. 이것이 가장 특별한 점입니다.

여러분이 만약 4단계의 리더가 되었다면 이제는 시간과 인내가 필요합니다. 일정한 시간 동안 4단계의 리더십을 일관되게 발휘하여 조직과 공동체 구성원들에게 깊은 감동과 신뢰를 주었다면 훗날 여러분이 없게 된 상황에서도 그들은 여러분의 리더십에 영향을 받게 될 것입니다. 누군가가 없는 자리에서 그에 관한 이야기를 하면서 아직도 그분의 리더십에 영향받고 있다고 말하는 사람이 생겨나기 시작할 때 비로소 5단계 리더가 되는 것입니다.

링컨이나 처칠같이 오늘날까지 수많은 사람들의 가슴 속에 남아 있는 역사 속의 몇몇 위대한 인물들은 수백 년이 지났지만 여전히 우리의 삶에 영향을 주고 있습니다. 그들이 바로 5단계 리더입니다. 단지 일시적인 추억을 말하는 것이 아니라 회사에서 전임 팀장을 회고하면서, 지금 그 팀장과 함께 하지는 않지만 여전히 그 팀장의 가르침과 솔선함에 영향을 받아 직장생활을 하고 있다고 말하는 팀원이 있다면 그에게 그 팀장은 5단계 리더입니다.

따라서 5단계의 리더는 자신의 의지로 되는 것이 아니라 주위의 사람들이 인정할 때 가능하게 됩니다. 아마도 이런 것이 리더십의 최고봉이 아닌가 싶습니다. 가정에서도 부모로서 자녀에게 가장 듣고 싶은 말이 있다면 자신의 사후에 자녀들이 삶을 살아가면서 부모님을 기리며 "나에게 가장 큰 영향을 준 부모님께 늘 감사한다."라는 말이 아닐까요? 그런 영향력을 끼친다면 그 부모는 5단계 리더가 된 것입니다. 이런 5단계 리더가 되도록 애쓰며 살아가는 부모들이 많아질 때 가정은 바로 설 것입니다. 누구든지 시간과 노력을 들여 진정한 리더가 되기 위해 배우고 힘써야 합니다. 결혼하여 자녀를 낳았다고 그냥 가정의 리더가 되는 것이 아닙니다. 가정에서의 올바른 리더십을 자녀에게 이어갈 수 있도록 하는 가정이 늘어나야 합니다. 5단계의 리더가 될 수 있도록 훈련하고 격려하는 조직이나 공동체가 많이 생겨나야 사회도 건강해집니다.

그런데 5단계의 리더십은 각각 독립적으로 적용된다는 특징이 있습니다. 즉, 누군가에 대해서는 1단계 리더일 수 있지만 다른 누군가에 대해서는 3단계의 리더가 될 수 있습니다. 직장에서 김 대리에게 박 팀장은 단지 팀장인 이유로 일하게 만드는 1단계 리더이지만, 홍 대리에게는 박 팀장의 실력과 성과를 통해 따르게 하는 3단계의 리더일 수 있다는 것이지요. 따라서 여러분의 리더십을 단순히 몇 단계인가 파악하는 것이 아니라 개별적인 관계 가운데 몇 단계인가를 파악하여 전체적인 리더십의 단계를 향상하려는 노력이 필요합니다.

또한 리더십이란 어느 날 한 순간에 형성되는 것이 아닙니다. 매일의 꾸준한 노력을 통해 향상되고 체득됩니다. 그리고 등산하듯이 차근차근 단계를 높여가야 합니다. 중간에 단계를 건너뛴다든지 하는 것은 위험합니다. 반드시 아래 단계를 거쳐서 상위 단계로 올라가야 합니다. 높은 단계로 올라갈수록 훨씬 더 시간과 노력이 많이 필요합니다. 하지만 그 성취감 또한 커질 것입니다.

3. 어떻게 해야 5단계 리더로 우뚝 설 것인가

5단계의 리더십을 이해하고 차근차근 리더십의 수준을 높여가려면 가장 먼저 1단계의 리더부터 되어야 합니다. 리더십의 목표에 비춰보면 가장 낮은 단계라 하찮게 보일지 모릅니다. 그러나 먼저 리더십의 도입이 없다면 2단계 이후의 리더십 수준에 이를 수가 없습니다. 어느 조직에서든 리더십을 발휘할 자격을 얻는 것은 중요합니다.

그러려면 먼저 리더 자신이 맡은 일에 정통해야 합니다. 구성원들에게 인정받는 것도 필요합니다. 그리고 누구보다 열심을 내어야 합니다. 일정한 지위를 얻는 것에 동의하지 않는 구성원들이 많은데도 불구하고 누군가 그런 자리에 오른다면 지위에 의한 리더십조차 발휘하기 어렵게 됩니다.

사실 1단계 리더십을 발휘하는 것도 필요합니다. 조직은 질서가 필요하기 때문입니다. 하지만 1단계 리더십에만 머무른다면 과거의 전통적인 개념으로서의 힘에 의한 리더십만 생각하게 될 수 있습니다. 이것은 바람직한 리더십이라고 할 수 없습니다. 리더십의 왜곡과 폐해는 1단계 리더십에서 올 수 있기에 주의해야 합니다.

가끔 뉴스에서 접하는 생각하기도 끔찍한 사건들이 있습니다. 어느 가정에서는 의붓아버지가 자신의 딸을 성폭행하는가 하면, 지금도 기억에서 자리하고 있는 온 국민을 분노에 떨게 했던 〈도가니〉라는 영화 속의 사건을 보면 가정이나 조직에서의 지위를 이용한 억압과 핍박이 얼마나 무서운 결과를 초래하는지 알 수 있습니다. 일반 직장이나 심지어 군부대와 종교계에서도 끊이지 않는 성폭력 범죄로 얼마나 많은 사람들이 피해를 입고 있습니까? 자신의 지위와 권력을 구성원들을 지배하는데 사용하는 일부 왜곡된 리더십을 가진 자들이 있기 때문입니다. 조직이나 공동체는 질서와 효율성 때문에 지위와 권한의 차이를 두고 있지만 그 지위가 폭력적으로 사용될 때에는 구성원의 행복을 파괴하게 되고 조직의 분열을 초래하게 됩니다.

2단계 리더십을 갖추기 위해서는 진심으로 구성원들을 사랑하는 마음이 필요합니다. 다른 사람들과의 관계성에 관심을 가지는 것이 중요합니다. 일 자체보다 구성원들을 사랑하는 마음이 있어야 합니다. 리더에게 정작 중요한 것은 일이나 성과보다도 구성원들임을 잊어서는 안 됩니다. 사람을 잃게 되면 일도 잃게 됩니다.

지식으로 하는 일과 지혜로 하는 일은 결과가 다릅니다. 지식은 머리로 하는 것입니다. 이런 리더는 관계를 깨뜨리기 쉽습니다. 특히 학식이 있고 자신감이 충만한 사람들이 주로 지식으로 일합니다. 이런 리더가 있으면 논리적으로는 문제가 없겠지만 구성원의 마음이 불편하기 쉽습니다. 그들의 마음이 열리지 않습니다. 그래서 지혜로 해야 합니다. 이것은 가슴으로 하는 것입니다. 헤드(head)가 아니라 하트(heart)인 것입니다. 2단계의 리더십은 바로 하트(heart)에서 나오기 때문입니다.

든든한 2단계 리더십을 쌓아 올리면 3단계 리더로 올라가기가 수월해집니다. 그러나 2단계 리더십을 공고히 하지 않으면 3단계 리더십을 만들기도 어려울 뿐만 아니라 유지하기도 어려워집니다. 직장에서 팀원을 야단칠 경우가 있습니다. 그런데 같은 야단이라도 상대가 받아들이는 정도가 다릅니다. 관계 리더십을 충분히 확보한 리더라면 어떤 야단이라도 상대가 수용할 것입니다. 하지만 관계의 신뢰가 부족한 경우라면 상대는 부정적인 반응만 보일 뿐입니다. 즉, 관계성을 먼저 충족시킨 후에 능력을 보여주는 것이 순서입니다.

3단계의 리더십을 위해서는 실력이 필수입니다. 목표를 명확히 하고 일의 우선순위를 정확하게 구분해야 합니다. 결과에는 리더 자신이 먼저 책임을 지는 자세를 갖추어야 합니다. 강력한 추진력과 주도성을 보여 주어야 합니다. 리더의 솔선수범은 바로 이때 필요합니다. 가정이나 조직에서의 리더는 역시 모범이 되어야 합니다. 구성원들이 고개를 끄덕일 수 있는 모델이 되어야 합니다.

아프리카에서 누 떼를 관찰하면 흥미로운 장면을 볼 수 있습니다. 세렝게티 초원에서 무리 지어 살던 누 떼가 건기를 맞이하면 물과 먹을 풀을 찾아서 북쪽으로 수개월에 걸쳐서 이동합니다. 마라 강을 건너서 비옥한 목초지로 이동하는 것입니다. 그런데 그 이동 도중에 수많은 장애물을 만나게 됩니다. 때로는 악어를 만나기도 하고 사자를 만나기도 합니다. 5미터가 넘는 낭떠러지도 지나게 됩니다. 반드시 건너야 할 커다란 강을 앞에 두고는 수십 만 마리의 누 떼는 아무도 강을 건너지 못하고 망설입니다.

그때 무리의 우두머리가 먼저 강을 탐색합니다. 가능한 얕은 쪽을 찾아서 건너려는 속셈입니다. 하지만 우두머리라도 선뜻 뛰어들지 못합니다. 강물이 너무 차갑게 느껴졌던 것입니다. 내심 두렵기 때문입니다. 그러나 두세 번 망설이던 우두머리가 마침내 강으로 몸을 날려 뛰어들자 그 뒤로 수십 만 만리의 누 떼가 일사불란하게 강으로 뛰어듭니다.

이것이 리더십입니다. 리더라고 두려움이 없겠습니까? 그러나 리더이기에 먼저 결단하고 실천하는 것입니다. 그리고 해내는 모습을 보여줍니다. 이런 모습이 3단계 리더입니다. 구성원들은 리더의 말을 따르는 것이 아니라 리더의 행동을 따릅니다. 실력과 성과를 바탕으로 하지 않는 리더는 힘이 없습니다.

가정에서도 부모가 자녀를 위해, 가정을 위해 온 힘을 다하는 모습을 보여주어야 합니다. 아무리 열악한 환경이라도 희망을 잃지 않고 꿋꿋하게 버티는 모습을 말입니다. 자녀들은 부모의 훈계로 성장하지 않습니다. 자녀들은 부모의 뒷모습을 보면서 자라납니다. 세상 탓을 하면서 술병이나 끼고 한탄하며 살아가는 부모의 모습으로는 어떤 좋은 말로 자녀를 채근해도 듣지 않습니다. 반드시 돈을 잘 버는 부모가 3단계 리더가 되는 것은 아닙니다. 그러나 적어도 온 힘을 다해 끝까지 포기하지 않는 모습을 통해 자녀들은 부모의 존재를 인정합니다. 세상에 나가서 쉽게 포기하지 않게 됩니다.

가정에서 부모가 성취해야 할 성과는 단지 물질적인 부분만 있는 것은 아닙니다. 세상을 살아가는 가치관을 전하는 것도 중요합니다. 좋은 부부의 모습을 보여주어 건강한 이성관을 갖게 해주는 것도 중요합니다. '포기'는 배추를 셀 때나 쓰는 말이라는 자세로 역경을 딛고 일어서려는 몸부림을 보여주는 것도 중요합니다. 가족이 있기에 작은 일에도 감사함으로 행복해 하는 삶의 모습을 알려주는 것도 부모만이 할 수 있는 중요한 리더십의 성과입니다.

조직에서 리더는 자기계발에 앞장서야 합니다. 리더는 늘 시간이 부족합니다. 리더의 어깨는 늘 무겁습니다. 그런 이유로 리더는 책 한 권 읽을 시간이 없다는 핑계를 댑니다. 그렇지만 리더이기에 먼저 책을 손에 들어야 합니다. 지속해서 자기 성장을 위한 투자와 노력을 해야 합니다. 저는 기업에서 직급별 교육을 진행할 때 되도록 고위직급이 먼저 교육받을 것을 권고합니다. 교육 담당자들은 통상 하위 직급부터 교육 일정을 짜고 임원급들은 맨 마지막에 일정을 잡습니다. 저는 그 순서를 바꾸라고 제안합니다. 리더가 먼저 교육받는 모습을 보여주고 직원들을 교육에 보내야 동기부여가 됩니다. 자신들은 뒤로 빠지고 직원들을 교육에 보내는 것은 바람직하지 않습니다. 얼마나 바쁜지 직원들도 아는데 그런 리더가 먼저 교육에 앞장서고 참여하는 모습이 가장 좋은 직원 육성의 방법입니다. 실력 없는 리더는 직원들이 먼저 알아본다는 사실을 알아야 합니다.

4단계의 리더십을 위해서는 사람을 키우는 데 역점을 두어야 합니다. 자신의 영광과 성취만을 바라서는 안 됩니다. 진정으로 위대한 리더는 남을 리더로 만드는 사람이라는 믿음을 가지는 것이 중요합니다. 미국의 철학자이며 시인인 랄프 에머슨은 성공에 대해 이렇게 노래했습니다. "내가 살기 전보다 내가 살다 간 이후의 세상이 좀 더 행복해지도록 하는 것이 성공이다."라고 말입니다. 정말 그렇습니다. 이런 자세가 4단계 리더를 만들 수 있습니다.

리더는 분명한 비전을 가지고 자신이 먼저 어디로 가는지를 알고 있어야 합니다. 구성원들에게 비전을 공유하고 동참하도록 동기부여해야 합니다. 속담에도 '빨리 가려면 혼자 가고, 멀리 가려면 함께 가라'고 했습니다. 4단계 리더는 구성원들도 자신과 같은 멋진 리더가 될 수 있다는 믿음과 희망을 주어야 합니다. 이를 위해서는 진정성이 있어야 합니다. 단지 일을 더 시키거나 성과를 도출하기 위한 수단으로 사람을 키우는 것이 아니라는 신뢰 말입니다.

맥스웰 박사는 수용의 법칙에서 "사람들은 먼저 리더를 수용하고 다음에 비전을 수용한다."라고 말했습니다. 결국, 리더가 구성원들에게 충분한 믿음을 주지 못하면 아무리 화려한 비전을 제시해도 허사입니다. 그래서 2단계 리더십이 중요했던 것입니다. 비전의 공유는 마음으로 되는 것이지 머리로 되는 것이 아닙니다. 4단계 리더십은 이렇게 구성원들에게 가슴으로 비전을 받아들이도록 하고 그들을 또 다른 리더로 육성하는 것입니다.

잘 되는 조직은 이렇게 리더가 자연스럽게 양성됩니다. 그 리더가 또 다른 리더를 양성합니다. 그렇게 조직 전체에서 리더가 지속해서 확대 재생산되는 구조를 가집니다. 그런 조직은 끊임없이 변화하고 발전합니다. 리더가 리더를 낳는 구조가 선순환을 일으키는 조직이 살아남습니다. 서로 경쟁하고 비난하고 상대를 밟고 올라서야 살아남는다는 생각을 가진 조직은 결국 망합니다. 사람을 믿지 못하게 되기 때문입니다. 따라서 애초에 리더의 그릇이 커야 합니다. 그래야 나누고 퍼줄 수가 있습니다. 자기 밥

그릇 챙기기에 급급한 리더 밑에서는 훌륭한 또 다른 리더가 나오기 어렵습니다.

예전에 우리나라의 여러 기업체 임직원들을 일본의 도요타 자동차에 연수를 보내어 현지에서 연수 진행을 하는 업무를 했던 적이 있었습니다. 수년간 일본 현지에서 여러 기업체의 연수단과 생활하면서 느낀 점 가운데하나는 우리나라의 기업은 내부적으로도 정보 공유가 잘 안 된다는 것이었습니다. 같은 기업에서 일본 연수단을 여러 차례 보내는 경우도 많았는데, 연수 끝에 현지의 임직원에게 연수단원들이 질문하면 거의 매번 같은 질문이 나옵니다. 이 전 차수에서 질문한 내용은 다음 차수 참가자들에게 미리알려주어 시간을 낭비하지 않게 하고 좀 더 심층적인 다른 질문을 하도록할 수 있겠지만 어쩐 일인지 거의 동일한 질문을 반복했습니다.

이렇게 자기만 알고 남에게 알려주면 무엇인가 손해를 본다는 생각을 가지고 있으면 결코 남을 성장시킬 수 없습니다. 리더도 마찬가지입니다. 남에게 주어야 다시 나에게 채워집니다. 이런 리더가 발전합니다. 4단계 리더십은 이렇게 만들어 가는 것입니다.

마지막으로 5단계 리더십은 구성원들이 오랜 시간과 경험을 바탕으로만들어 주는 것이라 굳이 자세하게 다루지는 않겠습니다. 다만, 우리가 스스로 할 수 있는 단계는 4단계 리더십이고 그런 경험을 진정으로 오랜 기간에 걸쳐 공유한다면 세월이 지나서 자연적으로 인격적인 존경을 포함한5단계 리더가 된다는 점을 강조하고 싶습니다. 그래서 리더십은 항상 실력으로 시작하지만, 그 마지막은 인격으로 끝이 나는 법입니다. 내가 떠난 자리에서 누군가가 가정에서든 직장에서든 나를 생각하며 여전히 나의 영향력을 체험하고 있는 순간을 상상하면서 5단계 리더십을 그려보세요. 이것처럼 행복하고 짜릿한 것이 어디 있겠습니까? 행복한 가정과 조직을 세우는 리더십의 본질입니다.

유명한 가수 나훈아의 노래 가운데 '울 엄마'라는 부제가 붙은 〈홍시〉라는 제목의 노래가 있습니다. 가사 일부를 소개하면 이렇습니다.

"생각이 난다 홍시가 열리면 울 엄마가 생각이 난다 자장가대신 젖가슴을 내어주던 울 엄마가 생각이 난다 눈이 오면 눈 맞을세라 비가 오면 비 맞을세라 험한 세상 넘어질세라 사랑땜에 울먹일세라 그리워진다 홍시가 열리면 울 엄마가 그리워진다 눈에 넣어도 아프지도 않겠다던 울 엄마가 그리워진다."

이 노래의 가사를 보면서 많은 생각을 했습니다. 이 노래에서 주인공은 홍시를 보면 엄마가 생각난다고 했습니다. 누구나 무엇인가를 보면 부모님 생각이 나는 그 어떤 대상이 있을 것입니다. 저도 센베이라는 과자를 보면 어릴 적에 아버지께서 누런 봉지에 담아 사 오셨던 그 시절이 생각납니다. 그때는 그 센베이가 최고의 간식이요 과자였으니까요.

그리고는 이런 생각을 했습니다. '내 자식들은 나중에 무엇을 보면 내 생각이 날까?' 그 녀석들에게 무엇을 보면 "아, 우리 부모님 생각이 난다"라고 말하게 만들며 살아갈 것인가? 여러분은 지금의 팀원들이 무엇을 보면 옛날 모시던 상사인 여러분을 생각나게 하고 있습니까? 이것이 바로 5단계 리더십입니다.

Part
2

리더가
행복해야
조직도 행복하다

리더라면 셀프 리더십을 길러라

1. 셀프 리더십으로 진정한 리더가 되라

요즘처럼 '리더십'이란 단어가 세상에 많이 회자되는 시대도 역사적으로 많지 않을 것입니다. 이젠 어느 곳을 가더라도 리더십이라는 말을 쉽게 접할 수 있습니다. 홍수가 나면 오히려 마실 물이 없다는 것처럼, 리더십이란 말은 넘쳐 나는데 어디를 둘러보아도 참된 리더를 만나기는 어렵습니다. 아니 오히려 제대로 된 리더가 점점 사라지는 느낌입니다.

사회적으로 높은 자리에 올라간 사람들은 많습니다. 그러나 많은 사람들에게 리더로 존경받는 인물은 적다는 게 문제입니다. 높은 자리에 있으면서 좋지 못한 태도를 가질 수는 있겠지만 좋지 못한 태도를 가지고는 그 자리를 제대로 유지할 수는 없다는 것이 리더십의 법칙입니다.

정부의 고위직에 임명되려면 국회의 인사 청문회를 통과해야 합니다. 매번 인사 청문회가 열리면 온통 난리가 납니다. 정치적인 계산 때문에 일부 무리한 점도 없지 않아 있지만 그래도 상당수의 후보자가 청문회를 통과하지 못하고 탈락하곤 했습니다. 대부분 개인적인 비리가 있거나 국민의 정서에 어긋나는 삶의 모습을 보이기 때문입니다. 어떤 이는 땅 투기를 하여 지탄이 되고, 어떤 이는 자녀를 좋은 학교에 보내려고 위장 전입을 시켰다가 문제가 되기도 합니다. 또 어떤 이는 지나친 재산 축적 과정에서의 편법적이거나 불법적인 문제가 불거지기도 합니다. 결국, 자신의 지위를 직접 혹은 간접적으로 이용하여 자신의 이익을 추구하다가 덜미를 잡힌 셈이 됩니다.

이제 우리 사회에서 고위 공직자가 되려면 이전 보다 훨씬 엄격한 기준을 통과해야 합니다. 그런데 과거에 자신이 이런 공직자 후보가 될 것이라고 생각하지 못하고 행했던 부적절한 일들이 발목을 잡는 경우가 너무도 많습니다. 어떤 사설에서는 〈자신을 과소평가하지 말자〉는 제목으로 역설적인 논평을 실었습니다. 우리가 너무도 자신을 과소평가해서 훗날 고위 공직자가 될 것을 생각하지 못하고 살기 때문에 평소에 온갖 발목 잡히는 일들을 한다는 것입니다. 그러니 이제는 자신을 과소평가하지 말고 언젠가 고위직에 오를 가능성을 열어두고 살면 이런 발목 잡히는 일은 피하지 않겠냐는 내용이었습니다. 얼마나 국가의 리더가 없었으면 국무총리 후보자를 고르는 데 그토록 애를 먹겠습니까?

그분들은 아마도 누가 뭐래도 실력으로는 남에게 뒤쳐지지 않았을 것입니다. 그 정도 실력으로 지금의 자리까지 오르는 데 얼마나 노력하고 애썼겠습니까? 하지만 리더는 실력으로만 되는 것이 아닙니다. 실력을 받쳐주는 인격이 있어야 합니다. 주변 사람들을 품을 수 있는 배려가 있어야 하고 구성원들이 따를 수 있는 신뢰가 있어야 합니다. 이것은 철저한 자기 관리에서 나오게 됩니다. 리더는 남을 대하기 위하여 먼저 자신을 다스릴 줄 알아야 합니다. 지금 정치권이나 기업에 이런 조건의 리더가 부족하여 어려움을 겪는 뼈아픈 현실을 깨달아야 합니다.

우리나라의 미래를 책임질 후세들을 양성하는 교육계는 어떻습니까? 어느 대학교 총장은 학교 공금을 횡령하여 비난의 화살을 맞기도 하고, 교수 임용을 빌미로 금품을 받았다가 곤욕을 치르거나 심지어 박사과정의 제자를 성추행했다가 뉴스에 대서특필되기도 합니다. 제2, 제3의 〈도가니〉 사건이 여기저기에서 드러나고도 있습니다. 문제는 한두 곳에서만 일어나는 일이 아니라는 사실입니다.

그뿐 아니라 어떤 유치원이나 보육 시설의 원장은 아이들 급식비를 절감하려고 유통기한이 지난 식자재를 사용하기도 하고, 어떤 보육 교사는 그 어린 아이들을 상상할 수 없는 방법으로 체벌해서 거의 학대 수준의 지경에까지 이른 경우도 있습니다. 이들에게 우리 자녀들의 미래를 잠시라도 맡겼다는 사실 자체가 우리를 분노하게 합니다. 아예 법으로 모든 보육 시설에 CCTV를 설치하도록 입법이 추진되고 있는 현실입니다. 그 조직의 구성원의 입장에서 보면 이들은 분명 리더였습니다. 하지만 리더로서의 자질을 갖추지 못하고 오히려 구성원들을 힘들게 만든 이들입니다.

열악한 보육 시설의 환경적 요인과 담당 교사들의 처우 문제 등의 현실적인 부분을 전혀 모르는 것은 아닙니다. 하지만 보육 시설의 원장이란 자리는 교사들에 대해 리더이고, 담당 교사들은 아이들에 대해 리더십을 보여줘야 하는 자리입니다. 그들이 리더십의 선행 조건인 셀프 리더십을 이해하고 지켜냈더라면 상황은 전혀 다르게 변했을 것입니다.

기업체에서도 리더의 인격적 수양이 부족한 경우 막무가내식의 경영이나 팀 운영을 리더십으로 오해하는 분들 때문에 구성원들이 복지부동하고 있음을 되돌아봐야 합니다. '수신제가치국평천하(修身齊家治國平天下)'의 교훈을 먼저 깨닫고 리더십을 다시 생각해야 합니다. 남의 눈에 있는 티끌은 보면서 자신의 눈에 있는 들보는 못 보는 사람이 어떻게 조직의 리더가 되어 올바른 방향을 제시하고 이끌어 가겠습니까?

〈리더십과 셀프 리더십의 관계〉

이처럼 리더십을 바로 세우기 위해서는 선행되어야 할 조건이 있습니다. 먼저 셀프 리더십을 키워야 합니다. 어떻게 해서든 리더의 자리에 올라간다고는 해도 셀프 리더십이 뒷받침되지 못하면 그 리더십은 모래 위에 지은 집과 다름없습니다. 먼저 리더 자신을 향한 리더십, 즉 셀프 리더십이 바르게 자리 잡아야 합니다. 앞에서 언급한대로 먼저 '수신제가' 하고 '치국

평천하' 하라는 것입니다. 지금 말하고 있는 셀프 리더십이 먼저라는 얘기입니다. 이것이 리더의 셀프 리더십이 중요한 이유입니다.

언제나 자기 자신에게 가장 극복하기 어려운 상대는 남이 아닌 자신입니다. 그렇기에 자기 자신을 극복할 수 있는 사람은, 다시 말해서 셀프 리더십을 갖춘 사람은 위대한 리더가 될 자질을 갖추었다고 할 수 있습니다. 사람이 넘어지는 것은 커다란 바위 때문이 아닙니다. 그저 작은 돌부리 때문에 넘어지는 것입니다. 그런데 그런 작은 돌부리를 사람들은 평소에 하찮게 여깁니다. 그래서 결정적인 순간에 넘어집니다. 교만하기 때문입니다. 남에게는 관대하고 자기 자신에게는 엄격함이 리더십의 기본입니다. 남이 하면 불륜이고 자기가 하면 로맨스라는 이중적 잣대가 문제입니다. 스스로를 제어하고 다스림에서 남을 다스리는 리더십이 나옵니다.

얼마 전 어느 백화점 그룹 연수원에서 그 그룹사의 중간 리더들을 대상으로 팔로워십(followership) 강의를 했습니다. 대개는 중간 리더들을 대상으로 리더십 강의를 했는데 여기는 좀 달랐습니다. 리더로서의 팔로워십에 대해 강의해 달라는 것이었습니다. 저는 강의 기획자의 마인드가 참 좋다고 생각했습니다. 조직에서 시너지를 내고 성과를 내기 위해서는 리더의 리더십도 중요하지만 그들이 조직에서 어떤 팔로워십을 발휘하느냐도 매우 중요하기 때문입니다. 리더가 자신을 돌아보고 부하 직원들에 대한 리더십만 생각할 것이 아니라 자신에 대한 셀프 리더십, 윗사람에 대한 팔로워십도 입체적으로 돌아보게 하는 것이 진정한 리더 만들기의 과정입니다.

2. 리더가 되는 두 기둥 : 셀프컨트롤

리더의 셀프 리더십은 '스스로의 삶에 지속적인 영향력을 행사하여 가치 있는 목표를 위한 도구로서 자신을 사용하는 것'이라고 정리하겠습니다. 타인을 향한 리더십에 대응하여 스스로에게 적용하는 셀프 리더십의 의미를 표현한 것입니다. 타인에 대한 영향력을 발휘하는 것에 익숙해져 있다면 자기 자신에게도 그러한 영향력을 끼치도록 먼저 단련할 수 있어야 합니다. 자신이 해보지 못한 일을 남에게 하도록 요구하는 것은 리더가 아닙니다. 그래서 자기 스스로에게 먼저 리더가 된 다음에 타인에 대해서도 리더가 되는 것이 순서입니다.

일반적으로 셀프 리더십의 정의를 한번 살펴보면 다음과 같습니다. 자신의 조직을 위하여 스스로의 삶에 지속적인 영향력을 행사하여 먼저 자신이 올바로 서는 것입니다. 조직이 지향하는 목표를 향하여 달려가고 구성원들도 함께 나아가도록 이끌고 돕는 도구로 사용하는 것입니다. 이런 의미라면 누구라도 셀프 리더십의 의미와 개념을 이해할 수 있지 않겠습니까? 셀프 리더십을 위해서는 지속적으로 자신을 훈련하고 노력해야합니다.

사람은 누구나 공명심을 어느 정도는 가지고 있습니다. 성향에 따라서는 특별히 더 많이 가지고 있는 사람도 있습니다. 이렇게 인간의 내면에 자리하고 있는 공명심이나 자신을 드러내고 싶은 욕구를 적절히 제어하지 못하면 좋은 리더가 될 수 없습니다. 남에게 훈수 두기는 쉬워도 막상 자신이 그렇게 하기는 쉽지 않은 법입니다. 남을 비난하기는 쉬워도 막상 자신이 비난받지 않도록 하기는 쉽지 않습니다.

그래서 남 앞에서 리더인 척하기는 쉬워도 스스로 떳떳한 셀프 리더가 되기는 어렵습니다. 그러니 이런 상황 가운데 스스로 엄격한 훈련을 하여 남으로부터 좋은 리더로 존경 받는 리더가 세상에는 적은 것입니다. 하지만 그렇기에 그런 존경 받을 만한 리더는 오래도록 사람들의 마음속에 남게 됩니다.

그렇다면 어떻게 셀프 리더가 되도록 훈련하면 좋을까요? 셀프 리더가 되기 위하여 우리는 두 가지의 상반된 방향성에 주목해야 합니다. 하나는 자신을 제어할 수 있어야 한다는 것입니다. 셀프컨트롤(self-control)하는 것입니다. 다른 하나는 자존감(self-esteem)을 키우는 것입니다.

이 두 가지는 상반된 방향성을 보여 줍니다. 셀프컨트롤은 '자신을 누르라'는 의미로 일종의 통제인 셈입니다. 자신을 누르고 통제해야 합니다. 그런데 다른 하나인 '자존감을 키운다'는 것은 반대로 스스로를 올리는 것이 필요합니다. 물론 자신을 높여 올린다는 것이 교만해지라는 의미는 아닙니다. 자존심을 세우는 것도 아닙니다. 자존감을 키우라는 것입니다. 그러니 이 두 가지의 방향성이 서로 반대입니다. 하나는 누르고, 다른 하나는 올리는 것이니까요.

〈셀프 리더십의 두 방향성〉

먼저 셀프컨트롤, 즉 자기관리의 측면을 살펴보겠습니다. 자기 자신을 누르고 제어한다는 것은 적당한 브레이크 시스템을 갖추라는 것입니다. 위대한 리더가 되기 위해서는 자만을 경계해야 한다고 했습니다. 그런 의미에서 자기 관리가 중요합니다. 아무리 성능이 좋은 자동차도 브레이크 시스템에 문제가 생기면 대형 참사로 이어집니다. 성능이 좋은 것이 오히려 문제를 더 키울 수 있습니다. 무엇이든지 과하면 모자람만 못한 것이 세상의 이치이지요.

'자신을 제어한다'는 것은 다시 두 가지로 생각할 수 있습니다. 첫째, 하고 싶지만 참는 것입니다. 그 대상이 무엇이든지 하고 싶지만 해서는 안 될 때에는 참는 능력을 갖추는 것입니다. 자신의 욕구나 의욕을 참아서 제어하지 못한다면 훈련된 성숙한 인격이라고 할 수 없습니다. 그저 본능적으로 살아가는 사람일 뿐입니다. 외형적으로는 성인이지만 내면적으로는 그저 어린아이의 수준입니다.

둘째, 하기 싫지만 해야 할 땐 할 수 있는 능력을 갖추자는 것입니다. 사람인지라 어떤 일이나 상황은 하기 싫고 피하고만 싶을 때가 있습니다. 하지만 셀프 리더는 하기 싫은 그 일도 해야만 하는 일이라면 기꺼이 할 수 있는 노력과 자세를 갖춰야 합니다. 하기 싫다고 다 안 하고 피한다면 그것은 리더의 자질이 없는 것입니다. 이것 역시 어린아이의 수준입니다.

미국 대통령은 세계의 대통령이라고도 합니다. 그만큼 지위나 위상이 대단한 자리입니다. 그 자리에 오른다는 것은 누가 뭐래도 능력이 있다는 것이고 세계의 리더라고도 불립니다. 수많은 사람이 부러워하는 자리입니다. 하지만 빌 클린턴 대통령은 재임 시절에 백악관 인턴사원과의 부적절한 관계가 탄로 나면서 스캔들에 시달렸고 세계적으로 공개 망신을 당했습니다.

아내인 힐러리 여사가 겨우 체면을 세워주어 임기를 마칠 수 있었습니다.

세계적인 골프 황제라고 자타가 공인하던 타이거 우즈는 어느 날 밤에 아내가 골프채를 휘두르며 위협하는 것을 피하다가 차 사고를 내었다고 언론에 알려졌습니다. 무슨 이유에서인가 궁금증이 폭발했는데 결국, 여러 여인들과의 스캔들이 밝혀지면서 부부 사이에 문제가 생겼음이 원인이었습니다. 그 후 타이거 우즈 부부는 우여곡절 끝에 이혼하고 골프 황제의 명성에 먹칠했습니다. 이후의 골프 대회 성적조차 곤두박질쳐서 기량을 회복하지 못하고 있습니다.

이 두 사람만이 아닙니다. 사회 각계에서 명망을 쌓았던 인사들이 줄줄이 개인비리와 추문으로 공개적인 추락의 길로 접어든 경우가 한둘이 아닙니다. 이제는 종교계의 지도자에게까지 이런 일이 벌어지는 세상입니다. 수많은 사람에게 은혜의 말씀을 전해주고 희망과 도전을 주었던 유명 성직자가 성도와의 스캔들로 인해 우리 앞에서 사라지는 일도 있습니다. 수 많은 팬들의 사랑을 받던 유명 연예인이 환각제 복용이나 스캔들, 또는 재산 증식의 위법 사실로 역시 무대에서 사라지는 일도 다반사입니다.

이처럼 한 번 리더의 자리에 올랐다고 해서 언제까지나 리더의 위치를 유지할 수 있는 것은 아닙니다. 더욱이 리더가 지녀야 할 자질을 유지하지 못한다면 언제라도 리더의 자리에서 물러나야 할 때가 올 수 있습니다. 리더가 셀프 리더십을 가지지 못하면 언제든지 추락할 수 있습니다. 그런데 미련하고 성숙하지 못한 사람은 리더의 자리에 올랐다가도 자만하고 안이함에 빠져 끝없는 나락으로 떨어집니다.

이런 모든 일의 공통점은 바로 리더가 자신을 적절하게 제어하지 못한 탓입니다. 하고 싶지만 해서는 안 되는 때에 자신을 관리하지 못했기 때문입니다. 리더의 자리에 올라가기는 어려워도 그 아래로 추락하는 것은 한 순간의 일입니다. 이것을 미리 경계하고 단련해야 합니다.

남편이 되었든 아내가 되었든 멀쩡한 가정의 가장이 한 순간의 유혹을 이기지 못하고 일탈의 길로 접어들어서 가정이 깨지는 일이 얼마나 많습니까? 그 결과 부부는 원수지간으로 변하고 자녀들의 인생은 송두리째 엉켜 버리는 참담한 결과를 낳고 맙니다. 리더의 행동이 구성원에게 얼마나 큰 영향을 주는지 다시 한 번 깨달아야 합니다.

이와는 반대로 하기 싫지만 해야 할 일이라면 먼저 할 수 있어야 리더십니다. 이것이 리더의 솔선수범입니다. 말로써 구성원들을 움직일 수는 없다고 했습니다. 본보기가 되는 리더가 되어야 합니다. 리더든 구성원이든 하기 싫은 일이 있습니다. 하기 싫은 마음도 가질 수 있습니다. 하지만 그럼에도 해야 하는 경우엔 기꺼이 할 수 있어야 합니다.

아무리 직업이라고 해도 소방대원들이라고 생명을 위협하는 불구덩이 속으로 뛰어들고 싶겠습니까? 그 자리를 피하고 싶지는 않겠습니까? 하지만 그 자리를 피한다면 그는 단지 직업상의 의무를 피하는 것이 아니라 진정한 리더가 아닙니다. 다행히 우리나라의 소방대원들은 너무나도 투철한 의식을 갖추어서 최근에도 여러 명의 사상자가 발생하여 오히려 안타까움을 더하고 있습니다.

경영 전문지 〈월간 현대경영〉의 조사에 의하면 우리나라 100대 기업의 CEO들은 하루 평균 10시간 30분가량 근무한다고 합니다. 이 수치는 해마다 조금씩 변동하고 있지만 거의 이런 수준을 유지하고 있습니다. 여기에 점심시간을 포함하면 거의 하루 중 12시간을 회사에서 보내는 것입니다. 물론 퇴근 이후에도 회사 일로 모임도 많은 것을 고려하면 정말 혹독한 삶을 살고 있다고 할 수 있습니다.

그들이라고 가족과 함께 시간을 보내고 싶지 않겠습니까? 휴식을 취하고 여가를 편하게 보내고 싶은 마음이 없겠습니까? 혹자는 그들의 연봉이 많은 것을 두고 자신도 그렇게 많은 연봉을 준다면 온종일이라도 일하겠다고 할지 모릅니다. 그러나 막상 그 자리에 앉게 되면 그렇지 못할 것입니다. 그렇게 만만한 일이 아니기 때문입니다. 육체적, 정신적 한계 상황에도 포기하거나 피하지 않고 그들이 그렇게 철저하게 일에 몰두하는 것은 바로 진정한 리더이기 때문입니다.

샐러리맨의 신화가 된 한 경영자가 있습니다. 그는 직장에서 맡은 중대한 프로젝트에 실패하여 그 책임을 지고 사표까지 냈던 경험도 있습니다. 소위 재벌가의 2세도 아니고 해외 유학을 하여 MBA를 마친 사람도 아닙니다. 그저 평범한 대학을 재수하여 들어가서 직장 생활을 하다가《내가 연봉 18억 원을 받는 이유》라는 책으로 널리 알려진 휠라 코리아의 윤윤수 회장의 이야기입니다. 지금은 휠라 본사를 인수하여 꼬리가 몸통을 먹었다고 세상을 놀라게 한 비즈니스 신화를 만들었습니다. 세계적인 골프 브랜드인 타이틀리스트를 인수하기도 했습니다. 한때 세금만 16억 원을 냈을 정도라고 하니 연봉이 얼마나 많았겠습니까? 그 윤윤수 회장님이 어느 대학에서 강연 중 하신 말씀입니다.

한 흑인 청년이 언젠가 자기에게 다가와 "어떻게 하면 당신처럼 될 수 있느냐?"라고 질문했답니다. 수십 년의 사업 경험과 인생 경험을 어떻게 한마디로 정리할 수 있겠습니까? 그때 윤 회장님은 다음의 세 가지를 말해주었다고 합니다.

첫째, 정직하라. 이것은 단순히 정직하고 착한 마음씨를 가지라는 의미를 넘어서 모든 일을 하는데 잔머리, 잔재주를 부리지 말고 정도를 걸어야 한다는 뜻입니다. 직장에서나 어디에서든 왠지 꼼수를 잘 부리는 사람이 있습니다. 당장은 위기도 잘 넘기고 일도 잘되는 것 같지만, 장기적으로 보면 옳지 않다는 것입니다. '정직이 최선의 정책이다'라는 격언이 생각납니다.

둘째, 열심히 일하라. 세상에 일하는 것이 노는 것보다 좋다는 사람은 거의 없습니다. 본능적으로 사람은 놀고 싶어 합니다. 하지만 놀 것 다 놀고 할 것 다 하면서 남다른 성과를 내기를 바란다면 그것은 도둑놈 심보입니다. 아인슈타인도 '같은 일을 같은 방식으로 반복하면서 다른 결과가 나오기를 기대한다면 그것은 정신질환이다'라고 했습니다. 남다른 결과를 만들려면 남다른 노력이 있어야 합니다. 덕승재(德勝才)! 노력이 재주를 이긴다는 것은 만고의 진리입니다.

셋째, 인내하라. 세상을 살면서 자신의 목표를 달성하기까지 아무런 고난이나 어려움이 없이 순풍에 돛 단 듯 진행되는 일은 없습니다. 무엇이든 시간이 필요한 법입니다. 그래서 도중에 포기하는 사람이 생기기 마련이지요. 이런 상황을 견디며 끝까지 포기하지 않는 자만이 목표를 달성합니다. 인내하지 못하면 결과를 얻지 못합니다. '역경'을 거꾸로 하면 '경력'과 통하게 됩니다. 이처럼 인생에서 역경을 참아내지 못하면 자랑스러운 경력은 쌓을 수 없습니다. 하고 싶은 일도 때로는 참고 누르며, 하기 싫은 일도 때로는 기꺼이 하려면 인내가 필요합니다. 이런 인내심을 갖춘 사람은 성공하고 성취합니다. 그런 사람이 리더가 되는 것입니다.

요즘에는 취업이 어렵다고 하지만 취업하고 꾸준히 한 직장에서 버티는 일도 드뭅니다. 특히 직장 초년병들을 보면 너무 쉽게 직장을 그만두고 자리를 옮기려고 합니다. 참는 노력이 부족합니다. 어려서부터 속도에 익숙해서인지도 모릅니다. 우리는 너무 빠른 스피드의 시대를 살고 있습니다. 스마트폰도, 인터넷도, 자동차도 모두 속도 자랑입니다. 잠시라도 늦어지는 것을 견디지 못하는 속성이 몸에 밴 듯합니다. 그러니 그 어렵사리 들어간 직장도 너무 쉽게 자신과 안 맞는다고 포기합니다. 인생의 고비마다 인내의 힘은 위력적입니다. 실패는 용서할 수 있어도 포기는 용서할 수 없다는 말이 있습니다.

셀프 리더가 되기 위하여 우리는 하고 싶지만 해서는 안 되는 일이라면 하지 말아야 합니다. 하기 싫지만 해야 할 상황이라면 먼저 나서서 해야 합니다. 이것이 자기관리요 셀프 컨트롤입니다. 자신의 가장 강력한 방해자는 자기 자신입니다. 그래서 자신을 다스릴 수 있어야 리더가 되는 것입니다.

3. 리더가 되는 두 기둥 : 자존감

다음으로 셀프 리더로 바로 서기 위해서는 자존감을 가지는 것이 중요합니다. 자존감이란 '자신을 존중하며 가치 있는 존재로 평가하는 태도' 라고 표현할 수 있습니다. 물론 그 외에도 다른 많은 정의들이 있을 수 있습니다. 여기서 그런 복잡하고 깊은 학문적 고찰을 할 수는 없습니다. 단지 일상적인 수준에서 리더십의 한 요소인 자존감을 알기 쉽게 전해드리고자 할 뿐입니다. 자존감과 흔히 비교되는 자존심은 무엇일까요? 자존심이란 '남에게 굽힘이 없이 자신의 품위를 높이는 마음'이라고 정리할 수 있습니다.

여기에서 우리는 자존감과 자존심의 차이를 하나 발견할 수 있습니다. 두 가지 개념이 비슷한 것 같지만, 기준점이 다르다는 것입니다. 자존감은 외부의 다른 요소와 비교하지 않고 자신만의 독특한 존재 가치에 초점을 맞춥니다. 그런데 자존심은 외부의 다른 대상이나 요소와 비교하여 어느 쪽이 더 좋은지를 평가합니다.

결국, 자존감은 외부 환경의 자극에 민감하게 반응하지 않는다는 것이고, 자존심은 외부 환경의 자극에 따라서 우월감을 가지기도 하고 열등감을 가지기도 하는 비교 의식입니다. 마치 작은 물웅덩이에 돌을 하나 던지면 온통 물결이 사방으로 튀기지만, 바이칼 호수와 같이 장대한 호수에 돌 하나를 던져봐야 그저 작은 물방울 하나 튀고 마는 것과 같습니다. 자존심이 물 웅덩이라면 자존감은 커다란 호수가 되는 것이지요.

우리가 자존감을 가지는 것은 자신의 가치를 인정하는 것입니다. 당장의 환경에 일희일비하지 않고 일상의 평정심을 유지하는 마음입니다. 좋은 리더가 되려면 먼저 자존감을 키워야 합니다. 자존감이 없는 사람은 남을 리더로 키울 수 없습니다. 오히려 남과 비교하여 조금이라도 자신과 대적할 만하다고 생각되면 그 사람을 끌어 내리려고 할 것입니다. 비교 의식은 사람의 마음을 좁게 만듭니다. 내면의 세계를 부정적으로 만들고 조급하게 만듭니다. 공동체 의식을 해치고 개인 이기주의를 싹틔우면서 분열을 조장하기도 합니다. 그래서 자존심으로는 리더가 될 수 없습니다.

세계적인 베스트셀러이자 인문학적 고전의 뿌리인 《성경》에도 유명한 자존감의 사례가 나옵니다. 가나안 땅에 들어가기 전에 40일 동안 가나안 땅을 정탐하고 돌아온 12명의 정탐꾼 가운데 10명의 정탐꾼은 아낙 자손의 거인들을 보고는 겁에 질려서 자신을 메뚜기 같다고 했습니다. 그들은 외형적인 모습을 바라보았기 때문에 도저히 가나안 땅으로 갈 수 없다고 판단했습니다. 오죽하면 자신들을 메뚜기로 표현했을까요?

하지만 오직 두 사람, 여호수아와 갈렙만은 다른 의견을 내었습니다. 똑같이 40일 동안 가나안 땅을 정탐하고 같은 상황을 살폈지만, 여호수아와 갈렙은 '그 땅 백성을 두려워하지 말라 그들은 우리의 먹이'라고 했습니다. 아무리 거인들이고 힘상궂은 사람들이라도 하나님이 우리와 함께하신다는 사실을 믿으니 자신의 존재감이 남달랐던 것입니다. 그래서 전혀 두려워할 이유가 없었습니다. 오히려 그들을 '우리의 먹이(밥)'라고 표현했습니다.

이것이 바로 자존감의 힘입니다. 외부적인 요소와 자기 자신을 비교하여 열등감에 빠지지 않고 오직 자신의 내면적 조건과 하나님과의 관계만을 생각하여 강하고 담대할 수 있는 마음, 이것이 자존감입니다. 이런 자존감을 가져야 진정한 리더가 될 수 있습니다.

미국에서 가장 인기 있는 스포츠는 아마도 프로 야구와 미식축구일 것입니다. 그 가운데 아메리칸 풋볼은 결승전을 하는 날이면 군대도 임시 휴일로 삼고 경기를 시청할 만큼 인기가 높습니다. 이런 인기 종목의 수많은 내로라하는 선수 중에 우리나라 출신의 '하인즈 워드'가 있습니다. 아버지는 주한 미군 출신의 흑인이고 어머니는 한국인입니다. 그의 부모는 미국으로 가서 살다가 이혼했고 어머니와 함께 살던 하인즈 워드는 미식축구 선수가 되었습니다.

어린 시절부터 하인즈 워드는 자신의 정체성에 깊은 회의와 좌절을 느끼고 살았다고 합니다. 우리나라든 미국이든 혼혈아에 대한 편견이 어린 아이의 마음에는 얼마나 뼈아픈 상처였을까요? 그런 하인즈 워드가 한 말이 있습니다.

"혼혈로 태어난 것은 나의 선택이 아니었다. 진짜 창피한 것은 혼혈을 창피하다고 생각한 나의 생각이었다."

이렇게 하인즈 워드는 생각을 바꾸었습니다. 자신의 존재감을 회복하였습니다. 자존감을 키우게 되니 자신감이 생겼습니다. 그 결과 미국의 최고 인기 스포츠인 미식축구의 내셔널 풋볼 리그(NFL)에서 하인즈 워드는 MVP로 선정되는 영예를 안게 됩니다. 이것은 대단한 영예요 성과입니다. 어마어마한 돈을 벌 기회를 거머쥔 것입니다. 하지만 그것보다 더 의미 있는 것은 하인즈 워드의 삶이 변하는 중요한 계기가 되었다는 것입니다. 자신의 존재감을 회복하고 자존감을 가지는 것은 그 어떤 부귀와 영예보다도 중요한 일입니다.

자존감은 자기 믿음에서 출발합니다. 자기 자신을 스스로가 먼저 믿는 믿음이 필요합니다. 자신이 자신을 믿지 못하면 남 앞에서 위축되는 법입니다. 도전하지 못하고 회피하게 됩니다. 그래서 자존감을 키우려면 먼저 자기 믿음이 중요합니다. 또한 자아효능감이 높아야 합니다. 자아효능감이란 어떤 역경을 극복하거나 목표를 성취하는 데 필요한 능력과 지식을 가지고 있다는 신념과 자세입니다. 이런 자기 믿음과 자아효능감이 자존감을 만듭니다.

자녀를 양육할 때에도 부모로서 자녀를 인정해주고 자녀의 의견을 수용하면서 자녀 자신의 자존감을 키우도록 노력해야 합니다. 어려서부터 자존감을 가지도록 양육하는 부모가 참된 부모 리더십을 가진 것입니다. 자존감이 높은 아이는 타인과의 관계 형성에도 긍정적인 모습을 보입니다. 다양한 또래 집단과 스스럼없이 잘 어울리게 되고 이것이 결국 사회성을 키우게 됩니다. 요즘처럼 개인적인 삶에 집중하는 시대일수록 공동체에서 함께 어울리는 법을 자연스럽게 가르쳐야 합니다. 그래야 자녀들이 사회에서 제 역할을 하면서 리더로 성장할 수 있습니다.

최근 각 기업체의 인사담당자들의 생각을 보면 공통적으로 인재 선발에 있어 중요시하는 항목이 있습니다. 그것은 창의, 배려, 도전이라는 세 가지입니다. 물론 기업의 가치관과 상황에 따라 조금 달라질 수도 있지만 대체로 이 세 가지 항목은 예외 없이 중요시합니다. 이런 상황에서 우리의 자녀를 건강한 사회인으로 살아가게 하기 위해 가정에서 양육하면서 자존감을 키워주고 잘못된 자아상을 가지지 않도록 해야 합니다. 이는 부모로서의 매우 중대한 책임입니다.

영국의 어느 가정에서 현관 앞에 두고 우산 꽂이로 사용하던 항아리가 있었습니다. 중국에서 만든 오래된 항아리였는데 누구도 신경 쓰지 않고 우산꽂이로 사용했던 것입니다. 그런데 우연히 우리나라의 진품 명품 프로그램 같이 그 항아리를 감정할 기회가 있어 감정을 받아보았는데 놀랍게도 청나라 유물로 판명이 나면서 그 가격이 9억3천 만 원이 넘게 매겨졌습니다. 세상에, 9억 원이 넘는 청나라 유물을 고작 우산꽂이로밖에 여기지 못했다니요.

혹시 우리도 자신을 우산꽂이로밖에 여기지 않고 살고 있지는 않을까요? 우리의 가치가 얼마나 엄청난 줄도 모르고 그저 현관 구석에 놓인 하찮은 존재처럼 여기지는 않는지요? 우리는 적어도 우리가 생각하는 것 이상의 엄청난 가치를 가졌다는 스스로의 믿음, 이것이야말로 오늘날과 같은 치열한 환경에서 리더에게 반드시 필요합니다.

우리나라의 대기업을 일군 1세대 창업주들의 공통점 가운데 바로 이런 도전하는 리더십이 있었습니다. 그리도 그 도전의 리더십은 다시 자신에 대한 믿음이 뒷받침하고 있었음을 상기할 필요가 있습니다. 아무리 척박한 경제 환경과 기업의 조건 속에서도 할 수 있다는 자신에 대한 믿음을 바탕으로 도전한 결과입니다. 자신을 비참한 인생으로 생각하지 않고 목표를 향해 집요하게 매진했던 결과입니다. 바로 리더로서 자존감을 가지고 노력했기 때문입니다.

4. 회복 탄력성이 높아야 강한 리더다

여러분은 어떤 문제가 생기면 일단 다양한 해결 방안들을 생각한 뒤에 해결하려고 노력하는 편입니까? 아니면 감정적으로 불안해하고 당황하여 조급해지는 편입니까? 첫 번째 해결안이 효과가 없으면 효과가 있는 다른 해결 방안을 찾을 때까지 계속 노력합니까, 아니면 별도리가 없다라며 포기하는 편입니까? 또는 누가 어떤 문제에 대해 과잉 반응을 보이면 그 사람이 그날 기분이 나빠서 우연히 그런 것으로 생각하는 편인가요, 아니면 뭔가 내가 잘못해서 그런 것이라고 생각합니까?

이상의 상황은 일상적으로 있을 수 있는 문제인데, 만일 여러분이 전자의 입장을 택하는 편이라면 대단히 건강한 내면적 조건을 갖추고 있는 것입니다. 높은 자존감을 가지고 있다는 것입니다. 하지만 후자를 택하는 편이라면 자존감이 많이 낮을 가능성이 있습니다. 그러면 일의 해결에도 도움이 되지 않으며 리더십을 발휘하는 것은 매우 어려워집니다. 자신의 삶의 만족도도 낮게 나타납니다.

아무리 리더라도 인생의 무대에 역경이나 시련이 없을 수 없습니다. 더구나 그 역경이 자기 자신 한 사람에게만 해당하는 것이 아니라 자신이 리더로 있는 조직이나 공동체 전체에 영향을 미치는 것이라면 더욱 견디기 힘들 것입니다. 그래서 한 조직의 리더는 그 만큼 고독하고 스트레스를 받는 것입니다. 그러나 유능하고 구성원에게 행복을 주는 리더라면 이런 시련 속에서도 조직을 이끌어야 합니다. 그러기 위해서는 먼저 리더 자신이 꿋꿋하게 바로 서야 합니다.

그런데 같은 역경을 겪더라도 리더의 내면적 상태에 따라서 대응이 달라집니다. 그 결과도 달라집니다. 당연히 조직과 구성원에게 미치는 영향이 달라지겠지요. 그래서 리더의 셀프 리더십이 중요한 것이고, 셀프 리더십을 위해서 리더의 내면적 강화가 중요합니다. 이렇게 리더 자신의 내면적 강화 정도를 우리는 회복 탄력성을 통해 가늠할 수 있습니다.

상처가 나지 않을 수는 없더라도 상처가 빨리 아물게 할 수 있다면 상처 나는 것을 두려워할 이유가 없습니다. 그러나 상처가 나면 아물기까지가 너무나도 힘에 겹다면 상처가 나는 자체를 두려워할 수밖에 없습니다. 그래서 리더에게는 특히 회복 탄력성(resilience)이 얼마나 강한지가 중요합니다. 회복 탄력성은 선천적인 부분도 있지만 훈련을 통해서 강화할 수 있습니다. 다행히도 최근엔 많은 학자들이 회복 탄력성을 연구하고 좋은 방안을 제시하고 있습니다.

회복 탄력성이란 말 그대로 '다시 제자리로 돌아오는 힘'을 말합니다. 마치 대나무가 휘어졌다가 다시 원래의 모습으로 튕겨 돌아오는 것과 같습니다. 그런 힘을 회복 탄력성이라고 합니다. 물론 여기에서 원래의 자리로 돌아온다는 것은 본래의 건강한 상태로 회복되는 것입니다. 셀프 리더십을 강화하기 위해서 회복 탄력성이 필요한데, 역경을 맞이하더라도 리더로서의 바람직한 자아 상태로 신속히 회복하는 능력이 있어야 한다는 것입니다.

우리 주변에는 지독한 시련과 고난을 겪고 사는 사람들이 적지 않게 있습니다. 그런데 그중에 유독 시련에도 반드시 재기하는 사람이 있습니다. 오히려 그 시련 때문에 더욱 발전하고 더 높은 성취를 이뤄내는 것입니다. 그들이라고 시련에 마음이 아프지 않겠습니까? 그렇지만 결국은 주저앉지 않고 일어섭니다. 그것도 다른 사람보다 더 빨리 평정심을 되찾고 내면적 건강함을 회복합니다. 이것이 회복 탄력성의 차이입니다.

하버드 대학교의 교수인 조앤 보리센코 박사는 《회복 탄력성이 높은 사람들의 비밀》을 통해서 회복 탄력성이 높은 사람들의 특징을 다음과 같이 세 가지로 요약하여 말합니다. 첫째, 그들은 공통적으로 단호하리만치 '현실을 수용하는 힘'이 있습니다. 대개 고난이나 역경이 생기면 부정하고 한탄하거나 저항하기도 합니다. 왜 자신에게만 이런 일이 생겼는지 원망합니다. 하지만 회복 탄력성이 높은 사람들은 변할 수 없는 현실이라면 빨리 수용합니다.

역사상 가장 위대한 발명가의 한 사람으로 꼽히는 에디슨의 노년에 있었던 일입니다. 에디슨의 연구실에 큰 화재가 발생했습니다. 그동안의 연구 자료가 모두 불타버리는 상황이었습니다. 주변에서 오히려 더 안타까워하면서 어떻게 하느냐고 발을 동동 구릅니다. 당시 24세였던 아들은 아버지인 에디슨에게 정신없이 다가서며 "이제 어떻게 해요?"라고 말했습니다.

그러자 에디슨은 마치 남의 일인 것처럼 "지금까지 우리가 한 모든 실패와 시행착오는 모두 불타버리고 말았다. 이제부터는 모든 것을 없애고 새롭게 시작할 수 있게 된 것이다."라고 말했다고 합니다.

나이 67세에 모든 것이 불타버렸는데도 에디슨은 그 현실을 직시하고 긍정적인 면으로 받아들인 것입니다. 화재가 난 지 3주 후에 그 유명한 축음기를 발명하였습니다. 누구에게는 감당할 수 없을 만큼의 시련일 수 있는 일인데도 누구에게는 담담히 받아들일 수 있는 일이 되기도 합니다. 바로 회복 탄력성의 차이 때문입니다. 스페인 속담에 '집에 불이 나면 언 몸을 녹이기라도 하라'는 말이 생각납니다.

두 번째 특징은 '인생은 의미 있는 일로 가득 차 있다'는 믿음을 가지고 있다는 것입니다. 이는 매사를 긍정적으로 볼 수 있는 힘이 됩니다. 같은 삶을 사는 데도 매사에 부정적인 사람이 있습니다. 이래서 문제고, 저래서 마음에 안 들고, 이것저것 다 싫다는 심리입니다. 그런 사람은 정작 문제가 생기면 너무나도 쉽게 무너집니다. 어차피 안 되는 일이었다고 포기해 버리는 것입니다. 그런데 아무리 힘들고 어려워도 이 세상은 살만한 가치가 있는 것이고, 그런 의미 있는 일들이 생각보다 많다고 말하는 사람이 있습니다. 회복 탄력성이 높은 것입니다. 삶의 희망과 목표가 명확하니까 당연히 역경이 닥쳐와도 쉽게 포기하지 않습니다. 반드시 좋은 결과를 만들 수 있을 것이라는 믿음이 강하기에 '한 번만 더'를 외치면서 다시 시도합니다. 그러니 성공하게 됩니다.

《평생 감사》에서 저자는 감사의 3단계를 얘기합니다. 1단계는 '만약(if)감사'입니다. 이것은 조건부 감사로서 일차원적 감사입니다. 만약에 이렇게 된다면 감사하겠다는 것입니다. 2단계 감사는 '때문에(because)감사'입니다. 어떤 일이 성취되었을 때, 그 결과 때문에 감사하는 것입니다. 마지막 3단계는 '불구하고(in spite of)감사'입니다. 최악의 상황에도 감사할 수 있는 절대적인 감사입니다. '그래도 감사'를 외치는 것이고 '그리 아니하실지라도' 감사를 외치고 보는 것입니다. 일이 엉망이 되었는데 무슨 감사가 나옵니까? 그 상황에서도 더 큰 일을 바라보고 감사로 상황을 전환하는 것이 리더입니다.

과중한 업무로 직장 생활이 너무 힘들어도 직장이 있으니까 힘들 기회도 있는 것이라며 감사하고, 병이 들어도 더 큰 병이 아니기에 감사하고, 원하는 결과가 안 나와도 다시 시도할 기회가 남았음을 감사하는 것입니다. 이런 3단계 수준의 감사를 하는 사람이 회복 탄력성이 높습니다.

3단계 수준의 감사를 몸에 익히려면 언어 습관을 바꾸면 됩니다. 우리의 행동은 언어와 밀접하게 연계되어 있습니다. 그 사람이 하는 행동은 그 사람의 평소 하던 말대로 합니다. 불평하는 말을 입에 달고 살면 늘 불평하는 행동을 합니다. 험악한 말을 입에 달고 살면 행동도 거칠어지고 인상조차 험악해집니다. 그런데 같은 상황인데도 언제나 희망적이고 좋은 면을 먼저 발견하여 말하는 사람은 행동도 그렇게 긍정적이고 적극적입니다. 언어가 행동을 만듭니다.

그 사람이 하는 말을 보면 그 사람의 생각을 알 수 있습니다. 생각이 결국 말로 표현되는 것이기 때문입니다. 따라서 행동을 바꾸려면 먼저 언어를 바꿔야 하고, 언어를 바꾸려면 생각을 바꿔야 합니다.

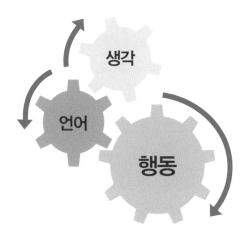

〈변화의 순서〉

이런 변화의 메커니즘 속에 3단계 수준의 감사를 익히려는 언어 훈련으로써 '다행이네'를 활용하는 것이 간단하면서 쉬운 방법입니다. 어떤 상황이 발생하더라도 일단 첫 마디를 '다행이네'로 시작하는 것입니다. 자녀가 성적이 좋지 않아도 우선 '다행이네'라고 말하십시오. 그리고 그다음 말을 이어가도록 하는 것입니다. 저도 변화혁신 전문가로 활동하는 허일무 선생님께 배운 방법인데 여기에 소개합니다.

예를 들면, 위의 상황에서 일단 "다행이네."라고 말한 다음에 "더 나쁜 성적을 받지 않아서 다행이네."라고 말하는 방식입니다. 여러분도 당장 한 번 시도해 보십시오. 남편이 오늘도 자정에 귀가합니다. 그러면 뭐라고 첫 마디를 꺼내십니까? "이 원수가 또 늦었네!"라고 하십니까? 이제부터는 "다행이네, 아예 안 들어오는 집도 있는데 다행이네"라고 하는 것입니다.

부하 직원이 또 30분이나 지각했다면 뭐라고 하십니까? "당신, 입사할 때부터 알아봤어!"라고 하기보다 이제는 "다행이네, 1시간 늦게 왔다면 아예 일을 망칠 수도 있었는데….'라고 하는 것입니다. 억지스럽더라도 생각이 바뀌고 언어가 변할 때까지 노력해 보십시오. 분명히 삶이 변할 것입니다.

이렇게 생각-언어-행동의 변화를 시도하면서 이 세상은 어쨌든 살아갈 의미가 있으며, 생각하기에 따라서는 얼마든지 희망과 도전의 기회가 있음을 인식하는 것이 필요합니다. 셀프 리더의 내면적 강화는 의지를 갖추고 지속해서 훈련하고 반복할 때 가능합니다. 그런 시도 자체가 벌써 리더의 모습을 갖추게 되는 것입니다.

회복 탄력성이 높은 사람의 세 번째 특징은 '자신의 앞에 닥친 상황에 대처하는 독특한 방식을 가지고 있다'는 것입니다. 일반적으로 어떤 상황이 발생하면 당황해서 자칫 일을 그르치게 되기도 합니다. 마음이 조급해져서 무리수를 두기도 합니다. 당연히 결과도 의도한 대로 되지 않습니다. 그 결과 실망감이 커지고 자기 부정이나 자기 비하를 할 수 있습니다.

그런데 회복 탄력성이 높은 사람은 그런 상황에서도 나름대로 대처 방식이 확고합니다. 무엇인가 대처하는 방식이 있으니까 혼란스럽지 않은 것입니다. 따라서 상황을 보다 합리적으로 다루게 되어 더 좋은 결과를 만들게 됩니다. 이들은 대개 사고의 유연성이 뛰어납니다.

인생을 살다 보면 도무지 감당할 수 없을 것 같은, 태산보다도 높게 느껴지는 벽에 막힌 것 같은 일이 있을 수 있습니다. 바로 이때가 회복 탄력성의 차이가 나타나는 순간입니다. '문제가 있다'는 것은 어딘가에는 답이 있다는 자세로 맞서는 사람이 되어야 합니다. 그런 사람이 리더가 됩니다.

얼마 전에 TV에서 본 아나운서를 선발하는 오디션 프로그램의 한 장면입니다. 참가자에게 과제가 주어집니다. 전혀 관련이 없는 다섯 개의 단어를 제시하고, 주어진 모든 단어를 활용하여 1분 스피치를 하라는 것이었습니다. 그런데 문제는 다섯 단어 가운데 한 단어를 모르는 상황이었습니다.

여기에서 똑같은 상황에 처한 두 참가자의 대응이 사뭇 다릅니다. 한 참가자는 고민 끝에 모르는 그 한 단어를 결국 빼버리고 스피치를 합니다. 그래서 심사에서 감점을 당하고 맙니다. 그런데 다음 참가자는 모르는 그 단어를 재치 있게 활용합니다. "오늘 프로그램의 2부는 우리말 나들이 순서입니다. 다음에 제시되는 단어의 뜻을 아시는 분에게는 선물을 드리겠습니다."라고 하면서 그 단어를 언급하고 넘어갑니다. 그러자 심사 위원들은 그런 재치에 감탄을 하고 맙니다.

이렇게 상황에 대한 유연성의 차이가 다른 것입니다. 회복 탄력성이 높은 사람들은 무엇인가 해결 방법이 있다고 믿고 상황을 대합니다. 아직 해결 방안을 만나지 못한 것일 뿐이지 해결하지 못할 상황은 아니라는 믿음이 있습니다. 그래서 역경에도 강한 모습을 보입니다. 사업이 부도가 나도 이제 더 추락할 곳도 없으니 올라갈 일만 남았다고 생각합니다. 세일즈맨이 계속해서 고객에게 거절만 당해도 이제 앞으로 만날 고객은 계약을 할 고객만 남았다고 생각합니다. 그러니 거절하는 고객이 있어도 실망하거나 포기하지 않게 됩니다.

리더와 구성원의 차이는 위기 상황에서 드러납니다. 구성원이나 리더나 위기 상황에서 똑같이 당황하고 좌절하고 포기한다면 무엇이 리더다움입니까? 전쟁에서 지휘관이 리더다움을 잃고 방황한다면 그 군대는 패배합니다. 히말라야 고원에서 리더가 위기 때문에 리더다움을 잃는다면 그 등

반대원의 목숨이 위태로워집니다. 요즘과 같은 경제난 속에서 가장이 중심을 잡지 못하거나 기업의 CEO가 명확한 방향을 잡지 못한다면 그 가정과 기업을 비롯한 구성원들은 심각한 위기에 빠집니다. 이런 상황에서 리더의 리더다움을 유지해 주는 것이 회복 탄력성입니다.

리더라면 조직과 공동체의 구성원에게 성공과 행복을 가져다주어야 합니다. 물론 성공이라 함이 반드시 물질적, 경제적인 부분만을 의미하지는 않습니다. 그 조직이나 공동체가 추구하는 가치를 이루는 것도 포함합니다. 아무튼 이런 목표를 달성하여 행복하게 만들어 주는 것이 리더의 임무입니다. 그렇게 되려면 먼저 리더 자신이 리더로서의 내면적 소양과 자질을 갖춰야 합니다. 회복 탄력성을 강화한다는 것은 '리더로서의 마음의 근력을 키운다'는 의미와 같습니다. 그래서 회복 탄력성이 강한 사람이 멋진 리더가 될 가능성이 큽니다.

5. 이 시대의 진정한 셀프 리더십

역사 속의 위대한 인물 가운데 셀프 리더십의 표본을 찾는 일도 의미 있는 일이지만 여기에서는 21세기의 동시대를 살아가면서 우리의 주변에서 일상적인 삶의 모습 가운데 셀프 리더십을 보여주는 인물들을 살펴보고자 합니다. 너무나 먼 옛이야기 속의 주인공을 보면 마치 남의 이야기를 하는 것처럼 여겨질 수도 있기 때문입니다. 언론에서 소개되고 주위에서 회자되는 인물 가운데 우리에게 셀프 리더십의 두 가지 요소에 대한 의미 있는 메시지를 던져 주는 인물을 통해, 우리도 할 수 있다는 믿음을 가지시길 바람니다.

경제적인 발전에 영향을 받아 지속해서 증가하는 스포츠나 레저 가운데 골프를 주목할 필요가 있습니다. 대학에 골프 학과가 개설되기도 하고 초등학교에서 골프 꿈나무를 본격적으로 육성하는 노력을 할 만큼 우리에게도 골프는 더는 특별한 계층의 사치스런 운동이 아닙니다. 특히 세계적인 골퍼들의 경연장이라고 할 수 있는 미국의 PGA투어에서 한국계 선수가 이제 2012년에 이미 12명이나 차지하는 놀라운 발전을 한 것도 대단한 일입니다. 골프 역사가 비교적 짧은 우리나라도 이제는 골프 인구가 300만 명이 넘는 것으로 조사되고 있습니다. 3,500만 명이 넘는 미국을 비롯한 전 세계 골프 인구를 합하면 그 수치가 얼마나 될지 자못 궁금할 뿐입니다.

그러니 세계 최고의 골퍼들이 모인 PGA투어에 들어가기가 얼마나 어렵고, 또한 들어가더라도 좋은 성적을 낸다는 것이 얼마나 힘들지는 불을 보듯 환합니다. 그런 PGA 투어에서 우리나라의 최경주 선수가 2000년에 진출한 이래 12년 동안 무려 7번이나 우승했다는 것은 세계가 놀랄 일입니다. 2011년 5월에는 제5의 메이저 대회라고 하는 플레이어스 챔피언십에서 우승하여 8승째를 올리며 세계를 다시 한 번 놀라게 하였습니다. 최근엔 약간 주춤한 상태이지만 우리나라의 골프하면 역시 최경주 선수를 빼놓고 말할 수는 없습니다.

최경주 선수는 전남 완도에서 어린 시절을 보내면서 우연히 골프를 접하게 되었습니다. 소위 시골 촌놈이 플레이어스 챔피언십이라는 세계 최고의 골프 대회에서 아시아 선수로는 최초로 우승을 차지한 것입니다. 이 대회는 우승 상금이 무려 171만 달러나 됩니다. 우리 돈으로 무려 19억 원이 넘습니다. 이것은 세계 4대 메이저 대회의 상금보다도 많습니다.

어느 한 분야에서 그 분야의 경쟁자들과 겨뤄서 1등 한다는 것은 부정적인 일만 아니라면 어떤 규모나 분야에서든 의미 있고 대단한 일입니다. 그런데 그 영역이 세계적인 범위로 확대되는 상황에서라면 이 얼마나 대단한 일입니까? 최경주 선수가 처음에 PGA투어에 진출했을 때는 보이지 않는 무시와 냉대를 몸으로 겪어야 했습니다. 이미 유명한 세계적인 선수들은 한국에서 온 최경주 선수를 아무도 의식하지 않았습니다. 심지어 인사도 안 받는 일도 있었답니다. 한국이 어디에 있냐고 하기도 했다는 겁니다.

그런 최경주 선수가 12년 만에 제5의 메이저 대회에서 아시아 선수로는 최초로 우승하였으니 이제 그의 위상과 한국의 국격이 한층 더 높아진 것은 말할 나위도 없습니다. 미국의 하늘에 우승자의 나라인 대한민국의 태극기가 다음 대회가 열릴 때까지 펄럭이게 된 것입니다. 이제는 먼저 다가와서 최경주 선수에게 인사하고 수많은 골프장의 갤러리들도 최경주 선수의 사인을 받기 위해 줄을 섭니다.

이런 감격 때문에 최경주 선수가 대회 우승을 확정 짓는 순간 두 손을 번쩍 올리면서 마흔이 넘은 나이에도 눈시울을 붉히고 울먹인 것입니다. 세계의 골프팬들이 그 울먹임을 똑똑히 지켜보았습니다. 직전 대회인 2008년 1월의 소니 오픈에서 우승한 이후 무려 3년 4개월간의 부진을 말끔히 씻어 버린 통쾌한 순간이기에 더욱 울컥했음을 당시 중계방송을 했던 해설자도 놓치지 않았습니다.

12년간 타향살이를 하면서 오직 세계 정상에 오르겠다는 목표만을 바라보며 달려온 최경주 선수도 숱한 역경과 고난, 좌절의 순간이 있었을 것입니다. 하지만 결국은 해내었습니다. 그 성취의 이면에는 끊임없는 자기 관리와 자존감을 잃지 않으려는 몸부림이 있었습니다. 천부적인 재능과 풍부한 지원과 협력 때문이 아니었습니다. 그린에 올라섰을 때의 그 고독함과 목이 타는 듯한 긴장감을 스스로 조절하면서 인내하고 극복하여 이뤄낸 성과입니다.

최경주 선수는 "1,000번의 스윙 연습을 목표로 하다가도 999번을 마치고 나머지는 내일 1,001번 하면 되지, 뭐. 이렇게 하는 선수는 진정한 리더가 될 수 없습니다."라고 말합니다. 그렇습니다. 극한의 순간에, 혹은 결정적인 순간에 자신과 타협하는 사람은 자기 관리가 안 됩니다. 자기 관리에 실패하면 훌륭한 리더가 될 수 없습니다. 자기 자신을 제어할 수 있는 사람이 바로 셀프 리더요. 그런 사람이 타인에 대한 멋진 리더도 될 수 있습니다.

20대의 패기만만한 선수도 아니고 40대의 중년에 접어든 선수가 세계 최고의 대회에서 우승을 이어갈 수 있었던 것은, 동료 선수들로부터 진심 어린 인정을 받게 된 것은 최경주 선수의 자기 관리의 힘이라고 할 수 있습니다. "나는 유명한 선수가 되기보다는 훌륭한 선수가 되고 싶다."라고 말한 것처럼 최경주 선수는 골프를 하면서도 인간미를 잃지 않았고 늘 타인을 배려하는 예의를 갖추었습니다. 어떤 난관에도 절대로 포기하지 않겠다는 굳은 결의를 했습니다. 무려 3년이 넘는 슬럼프 속에서도 꾸준히 도전하는 회복 탄력성을 보여 주었습니다.

사람이라면 성공과 영예를 가지게 되면 우쭐해지기 쉽습니다. 남 앞에서 뽐내고 인정받고 싶어집니다. 그것이 인지상정입니다. 하지만 그런 마음을 제어할 수 있어야 셀프 리더입니다. 저의 경험 가운데에도 겉으로 보는 것과 실제로 대했을 때의 인간미가 달라서 당황하고 마음 아팠던 일이 있습니다.

한 번은 어느 방송에 출연했을 때의 일입니다. 유명 연예인 2명이 사회를 보았는데 그 프로그램에 출연한 저와 또 한 명의 패널에게는 인사조차 안 하고 자신의 대본만 훑어보았습니다. 녹화가 시작되기 전의 시간 동안 같은 대기실에 있었건만 둘만 신 나게 농담도 하고 떠들기도 했습니다. 하지만 막상 방송 녹화가 시작되자 너무도 밝은 얼굴로 대화를 이끌어가면서 사회를 보는 모습에 사실 저는 기분이 조금 언짢았습니다. 프로그램 패널에게 조금 전의 그렇게 무관심하던 모습은 온데간데없고 마치 굉장히 친한 사이처럼 멘트를 하며 프로그램을 진행했기 때문입니다.

그 후에 다른 곳에서 이와 비슷한 상황을 한 번 더 경험한 적이 있습니다. 그 때는 다른 사회자였는데 그분 역시 방송으로 드러난 이미지와는 너무도 다르게 쌀쌀맞은 느낌을 주었습니다. 저 같았으면 처음으로 자신의 프로그램에 출연하게 된 패널에게 긴장하지 않도록 일부러 더 자주 말도 걸어주고, 방송에 관한 경험을 이야기라도 해주면서 방송이 잘 될 수 있도록 미리 도움을 주고자 배려했을 것입니다. 자기들끼리만 재미있게 떠드는 모습은 적어도 보이지 말았어야 합니다. 방송에서의 그런 상냥한 모습을 방송 밖에서도 유지해야 한다고 생각합니다. 이것은 진심이 아니면 일부러 할 수는 없는 일입니다.

카메라가 돌아가는 상황이 되면 그처럼 상냥하고 재미있게 진행하는 분들이 일단 방송 밖으로 나오게 되니 전혀 다른 사람처럼 타인을 배려하지도 않고 도도한 모습을 보이는 것에 적잖이 실망하고 말았습니다. 더욱이 그들은 유명인으로서 여러 대중 앞에서 강연도 많이 하는 분들이기에 강단에서 강연하는 모습조차 이제는 가식적으로 여겨질 정도입니다.

전국의 많은 기업체나 단체 등에 강의 목적으로 방문할 일이 많은 저는 소위 유명한 경영자나 리더들을 자주 접할 수 있습니다. 그런데 간혹 외부에서 생각하던 그분의 인품과는 전혀 다른 태도로 사람을 대하는 경우를 보게 될 때가 있습니다. 방송으로 인터뷰를 들으면서 너무나 인자하시고 훌륭한 성품을 가졌을 것이라고 기대했던 분들이 실제로 만나면 너무나 사무적이고 냉랭하게 사람을 대하는 모습에 당황하기까지 했습니다.

진정한 셀프 리더는, 훌륭한 리더가 될 사람은 시종일관 인격적 요소를 갖추어야 합니다. 자신이 조금 유명해졌다고 남을 하찮게 여기거나 무시하는 것은 옳지 않습니다. 말로 직접 무시하지 않더라도 행동 하나 하나에서, 표정 하나하나에서 상대방은 느끼게 됩니다. 따라서 언행을 삼가고 겸손함을 잃지 않도록 자기 관리를 하는 내면적 소양이 중요합니다. 이것은 하루아침에 되는 것이 아닙니다. 그래서 리더는 하루아침에 될 수는 없습니다. 매일의 삶이 리더십의 훈련이 되어야 합니다.

2002년 부산 아시안 게임에서 역도 국가대표 선수로 뛰기 시작한 장미란 선수는 우리나라 체육계의 또 한 명의 보배입니다. 그녀는 이미 세계 여자 역도계를 평정했습니다. 여자 역도계의 그랜드 슬램을 달성한 그녀는 이제 세계대회에 나가면 금메달을 목표로 하기 보다는 세계 신기록 수립을 목표로 하는 선수가 되었습니다. 이제는 더 이상 경기장에서 볼 수는 없지만 많은 사람들의 기억 속에서 여전히 한국 역도를 빛낸 멋진 셀프 리더로 기억될 것입니다.

그런 장미란 선수도 타고난 체력과 천부적인 소질만으로 그 자리에 오른 것은 아닙니다. 20대의 여자 선수로서 그녀라고 자신의 몸매나 외모에 관심이 없었겠습니까? 하지만 장미란 선수는 운동을 선택했고, 선택한 이상 최고가 되기 위해 말 그대로 뼈를 깎는 훈련을 이겨냈던 것입니다. 저는 그녀의 손을 보면 더는 설명이 필요 없다고 봅니다. 그 손이 바로 얼마나 굳은 의지를 가지고 훈련에 임했으며, 얼마나 눈물 나는 자기 관리를 했는지 보여주는 증거이기 때문입니다.

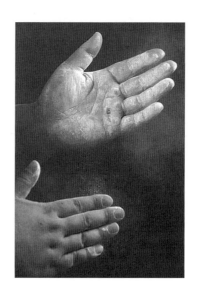

〈장미란 선수의 손〉
출처 http://www.viper.co.kr/freeboard2/21709

장미란 선수 역시 훈련이 지독히도 힘들어서 하기 싫은 적도 있었고, 주변의 기대감 때문에 슬럼프에 빠졌을 때는 더욱 힘들기도 했습니다. 그러나 결국은 회복하였습니다. 자신감과 평정심을 되찾아서 명실 공히 세계 최고의 여자 역도 선수가 되었습니다. 그 손바닥이 그 과정을 말해주고 있지 않습니까? 자기와의 싸움에서 이길 수 있는 사람은 그 누구와도 겨룰

수가 있습니다.

흔히 환경이 중요하다고들 말합니다. 무엇인가 성과를 내기 위해서는 환경이 중요하다는 것입니다. 그런데 그 환경을 극복하는 사람이 성취하는 사람이고 리더가 되는 것입니다. 우리나라 증권맨들의 우상이라고도 불리는 모 자산운용회사의 최장수 CEO였던 최 홍 대표의 사례가 바로 그런 경우입니다. 우리나라의 50대 초반 가운데 이분만큼 열악한 환경에서 자란 경우도 드물 것입니다. 그는 아버지의 얼굴도 모르고 어머니는 어릴 적에 재혼하여 외할머니 손에서 자랐습니다. 그가 살던 곳은 부산의 판자촌 사창가 근처였습니다.

그곳에서 어린 마음에도 밑바닥 인생을 보았고, 그런 인생을 살지 않고 빠져나오려면 건강과 실력을 갖추는 길밖에 없다는 생각에 틈만 나면 운동과 공부를 하기 시작했습니다. 마침내 서울대 경영학과에 입학했고 지금은 성공한 CEO가 되었습니다. 최근에는 20대 중반의 아들이 있음에도 평균 나이 27세의 청년들이 참가한 '쿨 가이 선발대회'에 도전하여 당당히 우승을 한 얼짱, 몸짱의 멋쟁이입니다.

대회에 출전하기 위해서 좋아하는 빵과 떡을 끊고 술자리도 줄였으며 매일같이 운동을 습관처럼 했습니다. 닭가슴살을 먹고 자동차 대신에 걸어다니고 의자를 이용해서라도 운동했습니다. 대회 직전에는 매일 두 시간씩 웨이트 트레이닝을 하고 유산소 운동을 하면서 몸을 만들어 갔습니다. CEO니까 시간이 많을 것 같지만 사실은 더 시간이 부족한 것이 현실입니다. 그 결과 체중을 7kg 이상 줄이고 체지방도 8% 정도 줄이는 데 성공했습니다.

최 홍 대표는 자신을 멋진 삶으로 이끌어 준 것은 '열정'과 '낙관론'이라고 말합니다. 자신이 처한 열악한 환경과 부모를 원망하지 않고 살아갈 방법을 찾아 치열하게 도전했던 열정과 결코 환경과 운명을 비관하지 않고 미래를 그리며 살았던 낙관적인 내면이 그 비결이라는 것입니다. 누구처럼 온전한 가정이 있었던 것도 아니고, 남들처럼 지극히 일반적인 기회라도 있었던 것이 아니었지만 그는 해냈습니다. 같은 상황이라도 이렇게 다르게 반응하는 사람이 리더가 됩니다.

최 홍 대표의 삶에 에너지를 불어 넣어준 G.E. 무어의 '홀로 생각한다'라는 시의 일부입니다.

> "이미 완전한 것을 사랑하지 말고 너 자신을 늘 새롭고 낯선 것 앞에 서게 하라. 청춘은 과격한 노역을 의무로 삼아야 하는 때이니 그대는 끝없이 먼 길을 달려야 하는 주자임을 잊지 마라."

맨 손으로 시작해서 이제는 전국에 74개 직영점의 미용왕국을 세운 '준오 헤어'의 강윤선 대표 또한 멋진 삶을 살아가는 셀프 리더이자 훌륭한 리더입니다. 전체 직원 2,000여 명 가운데 억대 연봉을 받는 직원이 무려 270여 명입니다. 자신의 성공에 그치지 않고 구성원의 성공을 만들어 가는 행복한 리더입니다.

강윤선 대표의 삶을 이해하려면 먼저 가난과 꿈에 대해서 이야기 해야만 합니다. 병석에 누워 계시는 아버지 대신 어머니가 생계를 꾸려갔던 어린 시절에 강 대표는 야간 중학교에 다니면서 낮에는 사환 노릇을 하며 돈을 벌어야 하는 형편이었습니다. 중학교 때 아버지를 여의고 고등학교에 진학해서도 주경야독의 생활은 이어집니다.

가족 가운데 누구도 자신에게 간섭하는 사람이 없었는데 그 이유는 모두들 사는 게 힘들어서 신경 쓸 여유가 없어서라고 합니다. 세 살 때 큰 화상을 입어서 지금도 흉터 때문에 여름에조차 목을 가리는 옷을 입는다고 합니다. 그런데도 한 번도 자신의 삶이나 환경을 원망하지 않았습니다. 심지어 사춘기 시절에도 반항적인 생각이 들지 않았답니다. 너무나 가난해서 사춘기 시절조차 거울을 볼 여유가 없이 지나갔기 때문이라고 합니다.

강 대표는 자신의 이러한 환경을 오히려 발판으로 삼아서 도전하고 성취하는 삶을 만들게 되었다고 해석합니다. 환경보다 중요한 것은 해석입니다. 어떤 환경에서 살고 있느냐, 어떤 환경에 둘러싸여 있느냐보다 더 중요한 것은 그 환경을 어떻게 해석하고 받아들이느냐입니다. 리더의 가치관과 해석 체계는 그래서 중요합니다. 가난 때문에 오히려 위기의 사춘기를 넘기게 되었다는 해석이 중요합니다.

고등학교 1학년 때 미용 기술을 배우기 시작하여 1981년에 서울의 돈암동에 준오 미용실을 개업한 것으로 미용 사업을 시작하여 끊임없이 목표를 세우고 도전합니다. 1993년에는 집을 팔아서 1억 5,000만 원을 마련하여 직원 15명과 함께 영국의 비달 사순 아카데미로 유학을 떠나기도 했습니다. 제대로 공부하여 승부를 걸겠다는 각오와 목표가 있었기 때문입니다. 무모하다는 주변의 만류에도 그녀는 실천하였고 오늘의 준오 헤어를 만들었습니다.

꿈을 키우고 꿈을 성취하기 위해서 도전하고 투자하면서도 할 수 있다는 자기 신념을 가졌기에 가능한 일입니다. 주어진 환경에서 문제를 해결하여 돌파할 수 있다는 자아효능감이 있었기에 남다른 결과로 이끌 수 있었습니다. 자신을 믿고 결심이 서면 과감하게 도전하는 리더가 결과를 만들어 내는 것입니다.

미용 사업이 성장하게 되자 그녀는 또 한 번의 도전을 합니다. 대기업에 강연을 갔다가 만난 그 회사의 임원급 인사를 준오 헤어의 공동 경영자로 초빙한 것입니다. 대기업에서 잔뼈가 굵은 임원급 인사를 미용실 사업체에서 스카우트를 한 것입니다. 여러 우여곡절이 있었지만 마침내 승낙을 받아 대기업의 경영 마인드로 준오 헤어를 이끌어 가고 있습니다. 이렇게 상황을 돌파하는 나름대로 시각과 방법을 찾아내는 능력이 멋지고 행복한 셀프 리더의 특징입니다.

보스턴 마라톤 대회에서 폭탄 테러를 당해 두 다리를 잃은 어느 모녀가 있습니다. 그 엄마는 폭탄 테러 1년 후 다시 보스턴 마라톤 대회를 찾았습니다. 두 다리를 잃은 모습 그대로 나타났습니다. 그녀는 자신이 테러범들에게 하고 싶은 말을 몸에 써서 사람들 앞에 온 것입니다. 그녀의 몸에는 이렇게 쓰여 있다. '스틸 스탠딩(still standing).' 그렇습니다. 그녀는 테러에도 굴하지 않고 여전히 서 있음을 알리고 싶었던 것입니다. 역시 커다란 상처를 몸에 지닌 그녀의 딸은 이런 문구를 써왔습니다. '비록 나에게 상처를 줄 수는 있어도 나를 멈추게 할 수 없다(You can scar me, but you can't stop me).' 이런 외침이 멋지지 않습니까?

이들을 보면서 전 세계의 수많은 사람들이 용기를 얻었을 것입니다. 말 그대로 여전히 자신의 삶의 자리에 서서 멈추지 않고 전진하는 의지를 다졌을 것입니다. 이런 삶의 주인공이 바로 셀프 리더입니다. 먼저 자신의 삶을 조절하면서 타인에게 용기와 도전 의지를 불러일으킵니다. 이런 셀프 리더가 결국은 위대한 리더가 됩니다.

Chapter 4
행복한 리더를 완성하는 성품과 자질

1. 인격적 성품을 바탕으로 한 리더십

중국 주나라 때의 유학자인 순자는 《인재론》에서 '덕이 있는 자는 일하
게 하고, 아첨하는 자는 못 나오게 막아야 한다'라고 했습니다. 조직에서
인정받는 사람의 성품조건을 언급한 것입니다. 일반적으로 조직에서 인재
를 선발하기 위해서도 성품을 중요시하는데 하물며 리더의 조건은 어떻겠
습니까? 아무리 능력이 뛰어난 인물이라고 해도 성품에 문제가 있으면 리
더의 역할을 할 수가 없습니다.

존 맥스웰 박사는 리더십의 기반으로 성실성을 손꼽았습니다. '신뢰는

조직과 리더를 연결하는 접착제이다'라고도 했습니다. 그만큼 리더의 조건으로 성실성이 중요합니다. 기반이 흔들리면 모든 것이 흔들립니다. 아무리 높은 고층 건물을 건축하더라도 가장 먼저 하는 일은 기초를 다지는 일입니다. 높이 쌓아 올리기 전에 반대로 아래로 깊이 파 내려가서 기반을 다지는 것이 필수적입니다. 리더십의 기초는 바로 성실성입니다.

성실함을 갖추지 못한 사람은 신뢰할 수 없습니다. 신뢰를 얻지 못하면 리더가 될 수 없습니다. 사람들은 신뢰할 만한 사람을 따르게 되어있습니다. 신뢰를 얻는 사람이 리더로 발탁되는 것입니다. 신뢰는 사람들이 믿고 의지하게 합니다. 그래서 신뢰의 인격을 가진 리더에게는 수많은 추종자가 생기는 것입니다.

추종자가 없다면 리더가 아닙니다. 리더는 혼자 가지 않습니다. 추종자와 함께 가는 것입니다. 그래서 세계적인 경영학자인 피터 드러커는 '리더란 따르는 자들이 있는 사람'이라고 정의하기도 했습니다. 훌륭한 리더는 함께 가고 싶은 마음이 들 정도로 추종자에게 신뢰를 얻어야 합니다.

성실함으로 신뢰를 얻는 자라야 리더로서 자격이 있습니다. 일반적으로 기업에서 성실함을 리더의 제1 조건으로 세우는 것에 이의가 있을 수 없습니다. 우리는 이러한 성품적인 조건을 갖춘 리더가 되도록 부단히 노력하고 훈련해야 합니다.

성품이란 한 개인의 성질이나 됨됨이를 말합니다. 그 사람의 성품은 행동으로 통해 드러나는 것입니다. '열매로 그 나무를 알 수 있다'는 말이 있습니다. 좋은 나무는 좋은 열매를 맺고 나쁜 나무는 나쁜 열매를 맺습니다. 이처럼 사람도 성품에서 행동이 나옵니다. 따라서 그 행동을 살펴보면 그 사람의 성품을 파악할 수 있습니다.

역사적으로도 이 세상에 커다란 영향력을 끼친 인물들이 있습니다만, 그 영향력이 비극적이고 부정적인 것인 경우도 있습니다. 그런 영향력을 끼친 사람을 보면 성품에 문제가 있습니다. 대표적으로 히틀러를 들 수 있습니다. 게르만 민족주의와 반유대주의로 제2차 세계대전을 일으켜 유대인 말살 정책을 실행한 비극적인 인물입니다. 폭력적이고 강압적인 아버지의 영향으로 힘든 어린 시절을 보내면서 그의 성품에 부정적인 요소가 자리 잡았고 결국엔 역사상 가장 참혹한 비극을 만든 원인 제공자가 되고 말았습니다.

중국의 유안이 지은 《회남자(淮南子)》에서 '덕이 없으면서도 인정 받는 것, 재능이 없는데도 고위직에 있는 것, 직접 이룬 성과가 없는데도 많은 돈을 받는 것'을 세상에서 가장 위험한 세 가지라고 했습니다. 그만큼 인격적인 부분에 문제가 있으면 자신과 남들 모두에게 위험이 된다는 것입니다.

《논어》의 〈이인편(里仁篇)〉에는 '덕불고 필유린(德不孤 必有隣)'이라는 말이 나옵니다. '덕이 있으면 외롭지 않고 반드시 따르는 이웃이 있다'는 뜻입니다. '리더가 된다'는 것은 이런 덕을 갖춘 사람이 되라는 것으로 그래야 따르는 사람이 생긴다는 의미입니다.

지금의 진정한 리더는 리더 자신의 능력만으로는 부족합니다. 아무리 개인적인 능력이 뛰어나더라도 구성원들이 하나로 함께 가도록 할 수 없다면 그 사람은 훌륭한 리더가 아닙니다. 사람을 모으고 함께 갈 수 있는 '관계 역량'을 갖춰야 합니다. '개인 역량'은 실무자의 수준일 때 유효합니다. 리더의 수준에서는 '관계 역량'이 중요합니다. 이때부터는 주위의 구성원들에게 관심을 가지고 초점을 맞추어야 합니다. 리더의 인격과 성품으로 구성원들이 따르도록 만들어야 합니다. 이것을 스마트 리더십이라고 합니다.

스마트 시대에는 스마트 리더십을 갖추어야 합니다.

저는 이것을 실력과 매력으로 구분합니다. 최근 협업 전도사로 왕성하게 활동하시는 윤은기 회장이 주창하는 미래 사회는 매력이 경쟁력이라는 부분과 일맥상통한다고 봅니다. 인격과 관계 역량을 바탕으로 한 그 사람만의 인간적인 매력, 이것이 핵심입니다. 일반적으로 실력이 우선하고 매력은 부수적인 조건이라고 생각하기 쉽습니다. 하지만 진짜 리더의 핵심 조건은 매력입니다.

리더십의 5단계 구조에서도 언급했듯이 실력으로는 3단계까지 가능합니다. 그러나 인격적인 매력, 주변 사람들과의 관계역량 등이 없다면 결코 5단계 리더십은 불가능합니다.

모든 조직의 인사 담당자들도 철저한 선발 기준과 방법을 동원하여 인재를 선발하고자 노력합니다. 그중에 반드시 점검하는 항목이 바로 인성입니다. 특히 타인과의 공감 능력, 협업 정신, 팀워크에 어떤 영향을 끼치는가 등을 집중적으로 살펴봅니다. 실력은 뛰어난데 관계 역량이 부족하다면 아쉽지만 탈락입니다. 언젠가는 조직과 팀에 문제를 일으키게 될 확률이 높기 때문입니다. 저 역시 강의 중 활동 내용을 관찰하다 보면 확실히 알게 됩니다. 실력보다 매력적 인성을 갖춘 직원이 팀에 더 많은 공헌을 한다는 것을 말입니다.

성실성을 갖춘 리더는 관계역량이 뛰어납니다. 타인에 대해 배려하고 존중하기 때문입니다. 타인을 존중하고 경청하기 때문에 타인으로부터 인정받고 신뢰를 얻습니다. 그래서 리더십의 기반은 성실성입니다. 성실성이란 말과 행동의 일치를 말합니다. 어느 조직이든 말과 행동의 일치를 보이는 리더가 있다면 그 조직의 구성원들은 신뢰와 열정으로 리더를 따를

〈관계역량과 개인역량〉

것입니다.

저는 리더십 강의를 하면서 교육생들에게 '훌륭한 리더의 조건을 토론하여 몇 가지 도출하라'고 언제나 요청합니다. 그런 다음 각 조별로 어떤 내용이 나왔는지 발표하여 비교해봅니다. 그러면 예외 없이 모든 조에서 선택하는 단어는 '솔선수범'입니다.

하지만 하루나 이틀 동안 리더십 교육을 받으면서 교육생들에게 가장 부족한 부분이 바로 솔선수범입니다. 그들은 교육 시간에 무엇을 하든 서로 미룹니다. 서로 뒤로 빠지면서 다른 교육생이 먼저 하기를 바랍니다. 말로는 '솔선수범이 중요하다'고 모두 선택하고는 실천은 가장 안 하는 항목인 셈으로 언행일치가 안 되는 것입니다. 제가 그런 이야기를 하면 모두 미안한 듯이 웃습니다. 이렇게 말과 행동을 일치시킨다는 것은 어렵습니다. 그래서 그 많은 조직이나 공동체에 진정한 따르고 싶은 리더가 적은 것입니다.

리더의 성품으로 중요한 또 한 가지는 수용성입니다. 타인의 상황이나 의견을 받아들이는 자세와 능력입니다. 존경 받는 리더들은 구성원들의 입장을 진심으로 이해하려고 노력합니다. 반대로 인정받지 못하는 리더들은 구성원들의 상황을 이해하고 받아들이지 못하고 비난하고 채근합니다. 자신은 마치 그런 입장이 되어 본 적이 전혀 없는 사람처럼 구성원들을 무시하기도 합니다. "나는 당신만 한 때에 그보다 더한 일도 했어."라며 무시하기 일쑤입니다. 그러니 앞에서는 따르는 척해도 뒤에서는 흉을 보는 것입니다.

《삼국지》의 유비에 대해서는 여러 가지 평가가 엇갈리는 점도 있지만 난세를 딛고 주변의 걸출한 인물들을 등용하여 훌륭한 리더십을 보인 인물임에는 틀림이 없습니다. 어찌 보면 개인적인 능력은 부족한 면도 많은 인물인 것 같지만 자신의 덕과 선을 통해 유능한 인재를 이끌어낸 리더였습니다. 언제나 상대방을 믿고 존중하며 겸손함으로 리더십을 발휘하였습니다.

역시 《회남자》에 나오는 말입니다. '수레가 천 리에 이르는 먼 길을 잘 굴러가는 것은 두 바퀴를 연결해 주는 굴대가 있기 때문이다.' 리더는 이렇게 굴대와 두 바퀴로 조직을 이끌어 가야 합니다. 독불장군은 더 이상 리더가 아닙니다. 이런 리더가 되려면 상대방을 이해하고 받아주는 수용성이 필요합니다.

수용성을 높이려면 한 번 더 생각하고 반응하는 것이 중요합니다. 리더는 수많은 사람들의 의견을 들어야 하고 의사결정을 해야 합니다. 때로는 자신의 생각과 다른 의견도 들어야 하며 의사결정의 시간이 매우 촉박하여 신속하게 결정해야 할 경우도 있습니다. 그래서 자칫 상대방에게 성급하게 반응하여 실수할 수도 있고 상대방의 의견을 무시하는 반응을 보이기도 합니다. 이것을 경계해야 합니다.

유명한 예화 가운데 하나를 소개합니다. 지하철에 어린 꼬마 아이와 아버지가 탔습니다. 꼬마 아이는 이리저리 뛰어다니면서 소란을 피웁니다. 한참이 지나도 그칠 줄 모르자 참다못한 한 분이 꼬마의 아버지에게 항의합니다. 아이를 놔두지 말고 조용히 시켜야 하는 것 아니냐고 불쾌한 듯 말합니다. 그러자 꼬마의 아버지가 정중하게 사과하면서 말합니다.

"사실은 오늘 아이의 엄마 장례식을 치르고 오는 길인데, 아이는 아직도 엄마가 죽었다는 사실을 이해하지 못하고 저렇게 뛰어놀고 있는 것입니다. 지하철에서 뛰어다니는 것이 잘못된 일인 줄 알지만, 오늘만큼은 아이를 야단칠 수가 없어서 그냥 보고만 있었습니다. 미안합니다."

이렇게 상황을 정확하게 알고 상대방에게 반응하는 것과 표면적으로만 알고 통상적으로 반응하는 것은 큰 차이를 보입니다. 리더는 구성원의 입

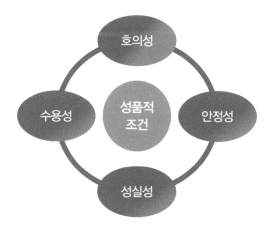

〈리더의 성품적 조건〉

장과 생각의 배경, 의도 등을 충분히 확인하고 반응해야 합니다. 그래야 실수도 줄일 수가 있으면서 구성원에 대한 수용성도 높아집니다. 따라서 잠깐이라도 한 번 더 생각하고 반응하는 습관을 들이는 것은 중요합니다. 그런 리더가 수용성도 높습니다.

다음으로 리더에게 필요한 성품으로는 안정성을 들 수 있습니다. 직장에서도 수시로 발끈하는 리더들을 만날 수 있습니다. 그런데 발끈하는 기준이나 원칙이 없습니다. 어떤 때는 기분이 좋아서 발끈할 만한 상황인데도 그냥 넘어갑니다. 어떤 때는 별일도 아닌데 과도하게 발끈합니다. 가정에서도 마찬가지입니다. 자녀들에게 화를 내고 야단치는 기준이 없습니다. 기분에 따라서 화를 내는 정도가 천지차이입니다. 그러면 리더십을 제대로 발휘하기 어렵습니다.

리더의 성품은 안정이 되어야 합니다. 안정성이 없으면 구성원들이 불안해하거나 주눅이 듭니다. 일관성이 없는 리더는 영향력도 없습니다. 구성원들이 예측할 수 있도록 일관된 기준과 행동을 보여 주어야 합니다. 자신을 조절하지 못하는 리더는 이런 안정성이 없습니다.

리더의 감정과 정서는 리더 본인뿐만이 아니라 구성원의 정서와 조직의 분위기에도 큰 영향을 줍니다. 갤럽의 조사에 의하면, 직장인이 자신의 조직을 좋은 기업이라고 평가하는데 가장 큰 영향을 주는 요인은 '상사에 대한 만족도'라고 합니다. 자신의 상사와 좋은 관계를 갖고 존경하는 상사가 있을수록 자신의 조직을 좋은 조직이라고 평가한다는 것입니다.

스웨덴의 스톡홀름 대학에서 연구한 결과를 보면 흥미로운 자료가 있습니다. 자신의 상사의 리더십과 심장 발작과의 상관관계를 연구하였는데, 상사의 리더십 점수가 높을수록 심장 발작 확률이 20%가 낮은 것으로 나타났습니다. 리더십 점수가 높아 관계가 좋은 상사와 함께 오래 일할수록 심장 발작 확률은 40% 가까이 낮아진다는 것입니다.

이를 확대 해석하여 '상사의 리더십이 좋을수록 부하가 건강해진다'라고 결론지을 수는 없습니다. 하지만 어느 정도의 인과관계가 있음을 밝힌 것입니다. 그러니까 리더의 안정성이 부하나 구성원들의 육체적 건강에까지 영향을 줄 수 있음을 리더는 명심해야 합니다. 물론 본인의 건강을 위해서도 정서적 안정성을 유지할 필요가 있겠지요.

실제로 미국 존스 홉킨스 대학의 연구에 의하면 자주 화를 내는 사람은 그렇지 않은 사람에 비해 심장마비에 걸릴 확률이 5배나 높았다고 합니다. 화가 나면 대개 가슴이 뛰게 됩니다. 그만큼 심장에 영향을 주기 때문입니다. 또한 '직장에서 자주 화를 내는 사람은 그렇지 않은 사람에 비해 연봉이 30%가량이 낮다'는 조사결과도 있습니다.

감정과 정서적 안정성을 유지하기 위해서는 평소 자신의 감정 상태를 확인하고 민감할 필요가 있습니다. 자신의 감정에 둔감할수록 타인의 감정에도 둔감하기 쉽습니다. 적어도 일주일간 자신의 감정을 돌아보고 구체적으로 어떤 상태였는지, 어떤 변화가 있었는지 점검해볼 필요가 있습니다. 구체적으로 글로 표현해서 1분에 몇 개 정도의 감정을 단어로 나타낼 수 있는지 시험해 보십시오. 한두 개의 단어밖에 쓰지 못한다면 비교적 감정인식이 둔한 것입니다. 10개 이상의 단어로 나타낼 수 있다면 자신의 감정의 변화를 비교적 잘 파악하고 있다는 증거입니다.

우선 자신의 감정에 대해 인식하고 있어야 감정의 조절이나 관리도 가능합니다. 자신의 일주일간의 감정 상태를 확인한 다음으로는 그 감정의 이유나 배경에 대해 생각해 보세요. 그리고 그 이유에 대한 자신의 반응을 선택합니다. 감정 자체는 스스로 제어할 수 있는 것이 아닙니다. 하지만 그 감정의 이유가 되고 배경이 되는 것에 대한 선택은 스스로 할 수 있습니다. 그런 현명한 선택을 하는 것도 훈련입니다. 리더는 이런 훈련도 해야 합니다.

오래도록 성품에 대해 연구하고 실천해 오신 '좋은나무 성품학교'의 대표인 이영숙 박사님에 의하면 자신의 감정을 조절하는데 '5-2-5 법칙'이 효과적이라고 합니다. 여러분도 한 번 따라서 해보십시오. 먼저 화가 나서 참기 힘들 경우, 천천히 숨을 5번 들이마시고 그 상태에서 마음속으로 1과 2를 세면서 숨을 참는 것입니다. 그리고 다시 천천히 숨을 5번 내쉬는 것입니다. 이렇게 하면 자신의 감정을 조절하는데 뜻밖에 쉽게 도움을 받을 것입니다.

리더가 갖출 또 하나의 성품으로 호의성이 있습니다. 리더는 구성원의 마음을 열어야 합니다. 구성원의 머리는 마음이 열리면 저절로 열리게 되어 있습니다. 하지만 마음이 열리지 않으면 머리도 열리지 않는 법입니다. 간혹 리더의 자리에 있는 사람 중 구성원을 단지 성과를 만들어 내는 수단으로 밖에 여기지 않는 경우가 있습니다. 구성원과의 관계를 목적과 수단으로만 여기는 사람은 진정한 리더가 될 수 없습니다. 구성원을 조직의 기반으로 여기는 마음이 있어야 합니다.

구성원을 조직의 기반으로 여기는 리더는 기본적으로 사람에 대한 호의성이 있습니다. 미국의 저명한 심리학자인 동시에 경영학자인 맥그리거는 《기업의 인간적 측면》에서 인간의 본성에 대해 두 가지 구별되는 견해를 제시하였습니다. 그것을 X이론과 Y이론이라고 부릅니다. X이론이란, 인간은 기본적으로 일하기를 싫어하고 책임을 회피하며 통제와 지시에 의해서만 움직인다고 보는 부정적 가정입니다. 반면에 Y이론이란, 여건만 주어지면 인간은 주도적이고 자율적으로 일을 처리한다고 보는 긍정적 가정입니다. 특정 상황에서의 한계가 있기는 하지만 맥그리거는 Y이론이 보다 유효하다고 주장하였습니다.

결국, 리더는 X이론을 가지고는 구성원의 자율적인 창의성을 이끌어 낼수가 없습니다. 기본적으로 사람의 본성에 대한 긍정적인 호의성이 있어야 상호 신뢰의 관계를 형성해 나갈 수 있습니다. 극단적인 사례이기는 하지만 자신의 조직 구성원을 머슴에 비유하여 논란의 중심에 섰던 경영자도 있었습니다. 경영자가 직원을 머슴이라고 생각하는데 어떻게 서로의 신뢰와 발전이 가능하겠습니까? 이런 관계는 철저한 계약 관계로만 치달을 뿐입니다. 서로의 이익에 상충하는 상황이 되면 서로 등을 돌리게 됩니다. 이렇게 해서는 조직을 성공적으로 이끌 수가 없습니다.

예전에 엄마의 자녀 양육 방법을 코칭해주는 TV 프로그램을 본 적이 있습니다. 그 프로그램의 한 출연자는 자신의 아이에게 언제나 무섭게만 대합니다. 대여섯 살짜리 여자아이인데도 너무나 엄격하게 대해서 아이가 늘주눅이 들어 있습니다. 그 엄마는 아이가 자라기 전에 충분히 영양을 섭취하게 해야 하는 것이 엄마의 의무라는 자신의 기준이 너무나도 엄격해서 아이가 달라는 반찬만 줄 수는 없다는 논리입니다.

자녀 양육의 책임은 엄마에게 있으므로 아이가 원하는 것을 주기보다는 아이에게 좋은 것을 줘야만 한다고 했습니다. 그래서 반드시 식사 때에는 '브로콜리를 한 개씩 먹어야 한다'는 원칙을 지키려고 아이와 전쟁을 합니다. 아이가 먹기 싫다고 버티면 밥을 주지 않거나 매를 들거나 벌칙으로 매운 김치를 억지로 먹이기도 합니다. 그 아이는 그래서 식사 시간이 두렵고 싫다고 했습니다. 엄마에 대한 원망이 점점 쌓여갑니다. 엄마와 아이의 관계에 심각한 문제가 생길 지경입니다. 코칭하는 소아 전문가 선생님이 브로콜리 하나 안 먹어도 아이 성장에 큰 지장이 없다고, 오히려 아이와의 정서적 소통과 신뢰가 훨씬 중요하다고 조언해도 뜻을 굽히지 않습니다. 심지어 자신의 양육 방법을 고수하려고 프로그램을 중단할 정도입니다.

기본적으로 인간관계의 전제를 잘못 받아들이고 있는 엄마라고 생각됩니다. 아이의 엄마로서 책임도 중요하지만, 사람이란 관계의 형성이 더욱 중요함을 간과한 것입니다. '관계와 감정을 깨뜨리고서라도 결과만 만들어내면 된다'는 강박증과 집착은 대단히 위험합니다. 조직에서의 리더도 마찬가지입니다. 구성원을 강압적으로 몰아쳐서 자신의 권위를 지키고 성과를 만들어 내겠다는 발상은 좋은 리더의 모습이 아닙니다. 특정한 상황에서 일시적으로 전략상 그런 태도를 취한다면 모를까 기본적으로 사람에 대한 호의성이 부족하여 관계를 부정적으로 몰고 가는 리더는 위험합니다.

〈뉴욕 타임스〉의 칼럼니스트로 2000년에 '보보스'라는 신흥문화 지식층을 일컫는 신조어를 만들어낸 데이비드 브룩스는 《소셜 애니멀》에서 성공과 행복의 열쇠는 '관계'라고 강조합니다. 여기에서 관계란 단순히 누가 누구를 알고 모르고의 인맥이 아니라 삶의 법칙을 지혜롭게 습득하고 적용할 수 있는 능력을 형성하는 인간관계의 그물망을 의미합니다.

그는 또한 "자신을 통제하고 타인을 배려하는 마음이 줄어드는 등 인간관계의 그물망이 힘을 잃게 되면서 사회의 전반적인 신뢰가 무너졌다."라고 말합니다. 한 사회의 건강성은 인간관계의 건강성에 따라 결정된다는 것입니다. 이런 면에서 우리 가정에서의 상호 관계나 직장에서의 관계성을 점검해 볼 필요가 있습니다.

리더란 모름지기 상대방에 대한 기본적인 호의성을 바탕으로 긍정적인 관계의 그물망을 촘촘히 짜야 하는 주체가 되어야 합니다. 사람을 신뢰하고 행동으로 보여주며 구성원의 마음을 열도록 인내하는 자세가 중요합니다. 우주까지 다녀오는 시대지만 앞 집 이웃과의 거리는 더 멀어졌고, 공기청정기는 더 많아졌지만 우리의 영혼은 더 오염된 이 시대의 역설을 다시금 돌아볼 때입니다.

2. 겸손과 관용으로 사람을 품는 리더십

훌륭한 리더가 되기 위한 자질로 먼저 겸손함을 들 수 있습니다. 어느 조직에서든 리더가 겸손함을 잃지 않으면 구성원들도 그 성품을 배우게 됩니다. 하지만 리더가 교만하면 구성원들도 경쟁심 때문에 팀워크를 이루지 못합니다. 교만한 사람은 타인을 배려하지 않습니다. 자신이 주인공이 되어야 직성이 풀리기 때문이지요. 영어로 '교만함'은 '프라이드(pride)'라고 합니다. 우리는 흔히 자부심이라고 해석하는 이 단어가 《성경》의 여러 군데에서 교만이라는 표현으로 사용되고 있습니다. 어쩌면 자부심이 지나치면 교만이 됨을 하나의 단어로 연결한 것이 아닌가 싶습니다. 이 단어의 가장 가운데에 '아이(i)'가 있습니다. 무슨 뜻일까요? '나'가 중심이 되다 보면 그것이 교만함이 된다는 것입니다.

그러면 겸손한 리더가 되려면 어떻게 해야 할까요? 자신을 낮추는 자세가 필요합니다. 자신이 높고자 하고 자신이 주목받고자 하고 자신이 빛나고자 하면 겸손할 수 없습니다.

리더 앞에 놓일 수 있는 유혹 가운데 자신을 나타내고 자랑하고 싶은 본능적인 마음이 있습니다. 더 높은 지위를 차지하고 싶고 더 많이 얻고자 하는 유혹입니다. 이 유혹을 이기려면 겸손함을 갖춰야 합니다. 겸손한 리더는 결코 자신의 영달을 위해 안간힘을 쓰지 않습니다. 마음의 여유와 평안이 있습니다. 조직이나 공동체에서 감투나 자리에 연연하지 않기 때문입니다. 그저 맡은 업무를 하면서 조직이 원하는 성과를 내도록 팀원들을 적재적소에 배치합니다. 그리고 그들에게 최대한의 역량을 발휘할 환경을 조성해 줍니다. 자신의 팀원들이 성장해 가면서 성취하는 것을 보는 자체로 만족감을 느낍니다. 이런 리더에게는 따르는 사람들이 자연히 많게 됩니다. 그렇게 5단계 리더가 되어갑니다.

《좋은 기업을 넘어 위대한 기업으로》의 저자인 짐 콜린스는 킴벌리 클라크, 필립 모리스, 질레트 등의 위대한 기업의 경영자를 분석한 결과, 그들은 과거의 패러다임과는 사뭇 다른 리더십의 소유자였음을 밝혔습니다. 그는 15년간에 걸쳐 평균 3배 이상의 누적수익률을 달성한 1,400여 개 기업의 데이터를 분석하여 초우량 기업의 성공 요인을 도출하였습니다. 그 결과, 겸손함을 바탕으로 한 내적 의지를 겸비한 CEO가 초우량 기업을 일궈내며 조직의 변화 관리도 성공적으로 한다는 점을 밝혔습니다.

즉, 패튼 장군과 같은 전쟁 영웅적인 카리스마가 아니라 구성원들의 마음을 읽으려고 애쓰며 사려 깊고 온화하며 겸손한 리더십을 발휘했다는 공통점을 찾은 것입니다. 그들은 조금도 거만하거나 군림하려는 기색이 없고 오히려 친근감이 있고 부드러우며 강요하지 않았습니다. 이것이 겸손한 리더의 모습입니다. 독불장군형 리더는 조직을 장악하기는 쉬워도 조직 전체의 팀워크를 만들고 구성원의 마음을 움직이는 것은 서툴다는 것입니다.

말을 타고 지나가던 한 신사가 목재를 운반하느라 땀을 흘리면서 고생하는 병사들을 만났습니다. 그런데 그 옆에는 편히 앉아서 구경만 하는 상관이 있었습니다. 그 신사가 "왜 병사들과 함께 운반하지 않습니까?"라고 묻자 그 상관은 "나는 졸병이 아니고 명령을 내리는 상사입니다."라고 대답했습니다. 그러자 그 신사는 웃옷을 벗고 병사들과 함께 목재를 나르며 땀을 흘렸다고 합니다. 작업을 다 끝내고 땀을 닦으며 그 신사는 상사에게 "앞으로 목재를 운반할 일이 있으면 총사령관을 부르게나."라고 말하고는 자리를 떠났다는 것입니다. 그제야 그 병사들과 상사는 그 신사가 조지 워싱턴 장군임을 알았다는 일화입니다.

겸손한 리더는 언제나 현장 가까이 있으려고 합니다. 멀리 있는 컨트롤타워에서 지시만 하지 않습니다. 구성원들과 함께 호흡하려고 합니다. 또한 구성원들의 말을 경청하는 습관이 몸에 배어 있습니다. 어느 조직이건 경청하지 않는 리더는 독단에 빠지기 쉽습니다. 경청하지 않고 말만 많이 하는 리더는 구성원들도 신뢰하지 않습니다.

훌륭한 리더가 되기 위한 또 하나의 자질은 관용입니다. 관용이란 자신과 다름을 인정하고 받아들이는 것입니다. 누구나 자신과 같은 생각을 해야만 하는 것은 아닙니다. 또한 자신의 기대에 어긋나는 일이라도 인내심과 유연함으로 수용해야 합니다. 특히 요즘과 같은 다양한 개성과 문화가 어울려 조직을 구성하게 되는 환경에서 리더의 관용의 자세는 매우 중요한 역할을 합니다.

인도의 성자로 오늘날까지도 존경받는 간디에 관한 일화입니다. 간디가 어느 날 기차를 타고 떠나려는데 신발 한 짝이 기차 밖으로 떨어졌습니다. 당황한 수행원이 어쩔 줄 몰라 하고 있을 때 간디는 다른 쪽 신발 한 짝을 마저 벗어서 기차 밖으로 던졌습니다. 수행원이 영문을 모르고 "왜 신발을 마저 벗어서 던지시나요?"라고 질문했습니다. 그러자 간디는 "누군가가 신발 한 짝만을 주웠다면 쓸모가 없을 테니 나머지 한 짝도 주는 것이 좋지 않겠느냐."라고 했다는 것입니다. 이렇게 상대방의 입장에서 무엇인가 도움이 되는 일이라면 기꺼이 실천했기에 인도의 성자로 지금까지 존경받고 있지 않습니까?

누군가에게 선의를 가지고 베풀고 도와준다는 것은 사실 본인에게도 좋은 일입니다. 인도의 빈민가에서 평생을 봉사하고 노벨평화상까지 받으신 테레사 수녀님을 잘 알 것입니다. 언젠가 하버드 대학에서 실험을 했습니다. 누군가를 도와주고 봉사활동을 하고 돈을 받는 집단과 돈을 받지 않고 순수하게 봉사한 집단의 면역 기능을 검사해 보니 순수 봉사활동을 한 집단의 면역 기능이 훨씬 더 높았다는 결과입니다. 심지어 봉사활동을 통해 남을 돕는 일을 보거나 생각만 해도 면역 기능이 향상된다는 것입니다. 그래서 '고양 효과'라고 불리는 이런 현상이 '테레사 효과'라고 더 많이 알려져 있습니다. 진심을 담은 관용의 마음은 당사자와 상대방을 행복하게 만들어 줍니다. 이런 리더십이 필요한 시대입니다.

중국의 리더십 교과서이자 제왕학의 기본 지침서인 《논어》에서는 '관즉득중(寬卽得衆)'이라고 했습니다. '관대하면 사람을 모을 수 있다'는 말입니다. 고금을 막론하고 관용은 리더 그릇의 크기입니다. 구성원의 실수나 실패를 용납하고 격려하며 더 큰 도전을 제시하는 리더를 따릅니다. 상대의 입장을 진정으로 이해하려는 자세를 보일 때 마음으로 따르게 됩니다. 다

112

그치고 압박하는 리더 앞에서는 사람이 성장할 수 없습니다. 마음속 깊은 소통도 할 수 없습니다.

영화 〈300인〉에서 3만 명의 군사와 수적으로 열세인 가운데 전쟁을 치르는 스파르타의 왕이 '자신은 승리를 위해 자신의 부하들을 얼마든지 죽일 수 있는 사람'이라고 위세를 떠는 페르시아 왕에게 "나는 부하를 위해 내가 죽을 수도 있는 사람이다."라고 말하는 장면이 있습니다. 과연 누가 전쟁에서 이길 수 있겠습니까? 이것이 관용의 리더십입니다. 관용은 무엇인가의 대가를 바라고 주는 것이 아닙니다. 그래서 관용의 리더십은 비움에서 시작됩니다.

최근 영국에서 실시한 설문 조사에 의하면 부부간의 행복 지수도 서로에 대한 관용의 정도에 따라서 달라진다고 합니다. 1,400명을 대상으로 한 이 조사에서는 상대방에 대한 너그러움이 있다고 생각하는 여성의 50%와 남성의 46%는 '매우 행복하다'고 답했지만 관용이 없다고 답한 커플은 불과 14%만이 '행복하다'라고 말했습니다. 부부간의 성적인 만족도 못지않게 상대방에 대한 관용이 행복에 큰 영향을 준다는 것입니다. 누군가에게 관용을 베풀면 그 관계가 좋아진다는 사실을 알 수 있습니다. 이것은 조직에서도 예외가 아닙니다.

리더에게 닥치는 유혹 가운데 눈에 보이는 이익을 이겨내려면 물질에 대한 욕심을 버려야 합니다. 그런데 이것은 관용과 긍휼의 마음으로 살아야 가능합니다. 특별히 오늘날의 많은 리더들이 영광의 자리에서 수치의 자리로 추락하는 이유 가운데 물질적인 욕심에서 벗어나지 못했기 때문인 경우가 허다합니다. 온갖 뇌물과 로비에 연관되어 한평생의 업적을 송두리째 무너뜨리는 일이 다반사입니다. 리더의 자리에 올라가면 더욱더 관용의 마음으로 사람들을 바라보아야 합니다.

상대방에 대한 긍휼의 마음으로 자신과의 차이를 수용하고 기대치에 어긋난다 해도 격려하고 세워주는 관용의 리더십이 리더 자신을 세우고 조직을 세우는 핵심적인 역할을 하게 될 것입니다. 리더가 스스로 높아지려고 한다든지 눈앞의 이익에 판단력이 흐려지는 우를 범한다면 리더 개인은 물론이고 조직 전체에 커다란 악영향을 미칠 것입니다. 아무쪼록 먼저 베풀고 섬기며 수용하는 폭넓은 마음으로 구성원의 마음을 얻는 리더가 되어야 합니다.

자존감을 가지고 멀리 볼 줄 아는 리더는 관용의 마음을 가진 것입니다. 주변을 돌아보아 일으켜 주고 손잡아 이끌어 줄 기회를 찾는 리더는 관용의 리더십을 갖춘 것입니다. 자신만의 공명과 옳지 않은 유익을 과감히 거절할 줄 아는 리더는 관용의 리더입니다. 자신을 비우고 남을 채워주도록 애쓰는 리더를 구성원들은 진심으로 따르게 됩니다.

'리더는 비전을 먼저 찾은 다음에 사람들을 찾고, 사람들은 리더를 찾은 다음에 비전을 찾는다' 라는 존 맥스웰의 명언을 기억해야 합니다.

Chapter 5
행복한 리더가 성과도 잘 낸다

1. 긍정의 리더가 조직을 살린다

앞 장에서 회복 탄력성은 마음의 근육에 해당한다고 설명하였습니다. 곧 회복 탄력성을 키운다는 것은 마음의 근력을 키우는 것이라고 했습니다. 이제 좀 더 상세하게 리더가 되기 위하여 마음의 근력을 강화하는 방법을 살펴보려고 합니다. 부모 리더십이든, 조직 리더십이든, 교회에서의 신앙 리더십이든 마음의 근력을 향상해서 모두가 행복할 수 있는 리더가 되었으면 좋겠습니다.

회복 탄력성이란 '대나무처럼 휘어졌다가 다시금 원래의 상태로 돌아오는 힘'을 말합니다. 우리의 마음도 역경과 고난 가운데 평상심을 잃거나 낙담했다가 다시 회복될 수 있습니다. 그런데 그 회복력이 사람마다 다르기 때문에 훈련을 통하여 강화해야 합니다. 그러기 위해서 가장 먼저 할 일은 긍정적인 마음의 토양을 가꾸는 것입니다. 마음의 밭이 긍정의 힘으로 가득하면 회복력이 강할 수밖에 없습니다.

긍정 심리학의 창시자인 마틴 셀리그만은 '심리학은 인간의 약점과 장애에 대한 학문이기도 하지만 인간의 강점과 덕성에 관한 학문이어야 한다'는 발상을 통해, 손상된 것을 고치는 것만이 아니라 인간의 내면에 있는 최선의 가능성을 이끌어 내는 것이 진정한 치료라고 생각했습니다. 그렇게 탄생한 것이 긍정 심리학입니다.

긍정 심리학에 의하면 인간의 심리는 부정적 심리와 긍정적 심리가 별개로 공존한다고 합니다. 이 두 가지 심리는 상호 독립적이어서 부정 심리를 제거한다고 긍정 심리가 증가하지 않으며, 긍정 심리를 높인다고 부정 심리가 없어지는 것은 아닙니다. 그러므로 부정적인 정서를 감소하려는 노력과 긍정적인 정서를 향상하려는 노력을 별개로 해야 인간이 추구하는 행복과 성장을 성취할 수 있습니다. 비관주의를 약화시키고 낙관주의를 강화하는 독립적인 노력을 통해서 행복감을 높일 수 있다는 것이지요.

긍정 심리학에서도 일상의 삶 속에 다양한 부정적인 측면이 있음을 부인하지는 않습니다. 인생에서 부정적인 측면이 어느 정도는 삶을 풍성하고 깊이 있게 만들기도 하므로 완전히 제거해야만 한다고도 하지 않습니다. 다만, 인간에게는 삶을 긍정적인 관점으로 바라보고 행복하고 만족스럽게 만들 것을 추구하는 것이 더 의미 있다는 관점입니다.

이런 배경을 토대로 하더라도 인간은 자기 삶의 질을 향상하고 행복감을 더 많이 느끼도록 노력하고 애쓸 필요가 있습니다. 또한 일정한 노력을 통해서 얼마든지 그런 삶의 변화를 이끌어 낼 수 있습니다. 훌륭한 리더가 되기 위해서는 먼저 리더 자신의 내면적 긍정성과 행복감을 강화하는 것이 중요합니다.

리더는 구성원들의 모델이 되기도 하며 희망이기도 합니다. 리더의 뒷모습에서 10년 후의 자신의 모습을 찾았을 때 희망이 없다면 그것은 리더나 구성원 모두에게 비극입니다. 직장에서 조기 퇴직하는 사람 가운데에는 리더의 뒷모습에 실망하여 새로운 삶을 찾기로 결심하게 되었다는 경우도 적지 않습니다.

가정에서도 부모의 삶의 모습은 자녀에게 대단히 큰 영향을 미칩니다. 부모는 자녀의 이성관, 결혼관, 인생관에 커다란 영향을 미치는 존재입니다. "나는 나중에 결혼하면 우리 부모님처럼 행복하게 살고 싶어."라고 말하길 원하십니까? 아니면 "난 죽어도 결혼하지 않을 거야. 우리 부모님 사는 것을 보면 인생이란 지겨운 거야."라고 말하길 원하십니까?

그래서 리더의 행복은 중요합니다. 리더는 이미 리더 개인이 아닙니다. 자신의 조직과 공동체의 구성원들에게 알게 모르게 영향을 주고 있는 존재입니다. 어쩌면 리더 자신이 구성원에게 하나의 비전일 수도 있습니다. 그러니 리더의 내면적 긍정의 힘을 키우는 일은 리더로서 매우 중요한 의무입니다.

긍정의 정서가 강하고 행복감을 많이 느끼는 사람의 특징은 '사고의 습관이 다르다'는 것입니다. 삶에서 일이 잘 안될 경우에도 이번엔 뭔가 특별한 경우라 잘 안되었다고 해석합니다. 일이 잘 되면 자신이 잘할 만한 사람이라서 잘 되었다고 해석합니다. 상황을 해석함에 있어 자신에게 유리하도록 해석하는 경향이 강하다는 특징이 있습니다.

반면에 부정적이고 우울한 사람들은 똑같은 상황인데도 나쁘게 해석합니다. 일이 잘못되면 자신이 문제가 있어서 그렇다고 받아들이고 일이 잘 되면 우연히 운이 좋아서 그렇다고 해석하는 식입니다.

자신의 과거에 대한 기억도 행복한 사람은 좋았던 일이 훨씬 더 많았다고 기억하는 반면에, 부정적인 사람은 좋은 일과 나쁜 일을 정확하게 기억합니다. 그리고 나쁜 일은 오히려 생생하게 기억하며 자신에게서 문제를 찾는 경향이 있습니다.

부부의 행복도를 연구한 자료에서도 이런 현상이 반영되고 있습니다. 행복한 부부의 경우에는 배우자가 잘하면 역시 자기 배우자라서 잘한 것이라고 생각하고 말해줍니다. 혹여 회사에서 승진이 안 된 상황이라도 인재를 몰라본 회사를 탓하지 배우자를 탓하지 않는다는 것입니다. 그런데 행복도가 낮은 부부의 경우에는 반대의 현상이 나타납니다. 배우자가 기분이 좋아서 일을 거들어 준다고 하면 웬일로 변덕이냐고 비아냥거리고, 어쩌다가 기분이 언짢아서 신경질이라도 부리면 원래 성질이 못돼서 저 모양이라고 힐난하는 식입니다.

긍정적인 삶을 살기 위해서는 잘 되면 내 탓, 안 되면 남 탓을 하는 해석 체계가 필요합니다. 오해는 하지 마시기 바랍니다. 자기 합리화의 삶을 살라는 것이 아닙니다. 모든 일을 아전인수격으로 해석하며 삶을 살라는 것이 아니라 자신의 정신 건강을 위한 긍정성을 높여야 한다는 의미입니다. 소위 말하는 '현명한 이기주의'가 필요합니다. 자신의 노력으로 일이 잘 되었는데도 굳이 재수가 좋았을 뿐이라고 치부할 필요는 없으며, 일이 안 되었다고 모두 자신을 탓할 필요도 없습니다.

조앤 보리센코의 《회복 탄력성이 높은 사람들의 비밀》에서 저자는 셀리 그먼이 사람들은 왜 비관적으로 사고하는 지를 3P로 설명하는 내용을 소개하고 있습니다. 여기에서 3P는 개인적인(personal), 확대적인(pervasive), 영구적인(permanent)이라는 영어 단어의 첫 글자입니다.

일반적으로 부정적 비관주의자들은 어떤 사건이 생기면 그 사건을 개인적인 일로 받아들여 자신의 책임으로 돌립니다. 그러다 보면 스스로 죄책감을 느끼기도 하고 수치심에 빠지면서 우울하게 됩니다. 주위에도 이런 부류의 사람이 있습니다. 마음이 여리고 착하다는 사람 가운데 특히 많습니다. 지나치게 자책하는 것은 리더의 좋은 모습이 아닙니다.

요즘은 콜 센터가 활성화되어 있습니다. 그런데 전화상으로 상담하는 직업의 특성 때문에 콜 센터의 직원이나 텔레마케터들은 스트레스를 대단히 받습니다. 전화로 전달되는 상대방 고객의 온갖 욕설과 비난도 참아내야 하기 때문입니다. 이런 상황에도 일부 몰지각하거나 다혈질의 고객이 한 모든 말을 개인적으로 다 받아들이면 안 됩니다. '저 막말과 불평은 나 개인에게 하는 말이 아니다, 우리 회사 시스템이나 제품 자체에게 하는 말이다'라는 식으로 돌릴 줄 알아야 견딜 수 있습니다.

두 번째의 '확대적 사고'도 문제입니다. 회사에서 일이 꼬였을 때도 그 일에만 국한해서 해석해야 하는데, 마치 온갖 관련된 프로젝트가 모두 엉망이라도 될 듯이 확대하는 것은 좋지 않습니다. 이런 태도로는 위기에 적절하게 대응하는 리더십을 보일 수가 없습니다. 만약 중학교 1학년생인 자녀가 성적이 떨어졌다면 어떻게 반응하시겠습니까?

고등학교에 가면 이보다 더 치열한 경쟁을 해야 하는데 벌써 이러면 어떻게 하느냐, 그 성적으로 4년제 대학이나 가겠느냐, 나중에 어떻게 가정을 꾸리고 살 생각이냐, 나이 들어 노후는 어떻게 하려고 그러느냐 등 벌써 인생의 후반전까지 확대하여 반응하지는 않습니까? 중학교 1학년생의 성적은 지금 상황으로 국한하여 원인을 함께 찾아보고 대응 방법을 마련하는 접근이 중요합니다.

세 번째의 '사건이 영구적일 것'이라고 해석하는 사고 또한 문제입니다. 문제가 생기고 시련이 왔을 때 자신은 언제나 일이 꼬인다는 둥, 항상 되는 일이 없다는 둥 한 번의 문제를 지속적인 연장선상에서 해석하는 태도 말입니다. 옛날 페르시아의 왕이 신하들에게 어려운 숙제를 내줍니다. 마음이 기쁠 때는 슬프게, 슬플 때는 기쁘게 할 수 있는 것을 가져오라고 말입니다. 이에 신하들은 고민 끝에 반지 하나를 바칩니다. 그 반지에 새겨진 글귀를 보고 왕은 매우 만족했다지요? 그 글귀는 바로 '이것 또한 지나가리라'였답니다. 이 말을 생각하면 세상의 많은 부정적인 생각과 우울함도 이겨낼 수 있지 않을까요? '영원한 불행은 없다'라고 굳게 믿고 비관적인 사고의 늪에서 빠져 나와야 합니다.

2. 리더의 회복 탄력성 강화와 스트레스 해소법

스트레스란 외부의 자극에 대한 내부의 보호 반응이라고 할 수 있습니다. 스트레스라는 말의 어원은 '팽팽하다, 좁다'라는 의미의 라틴어 스트릭투스(strictus)입니다. 그러니까 사람들이 스트레스를 느낄 때 경험하는 답답하거나 긴장되는 정신적, 육체적 반응 상태를 나타내는 것입니다. 원래 17세기에 물리학과 공학에서 사용하던 용어인데 20세기에 들어와서 의학에 적용하여 사용하면서 일반인에게도 널리 알려졌습니다.

스트레스는 흔히 외부의 자극 자체를 의미하기도 하고, 그 자극에 대한 반응으로 보기도 합니다. 어쨌든 우리는 살아가면서 스트레스를 완전히 없애고 살 수는 없습니다. 스트레스를 없애려는 노력 자체가 또 다른 스트레스가 될 것입니다. 그것보다는 회복 탄력성을 강화하여 리더의 행복지수를 높이기 위한 방법으로 스트레스를 현명하게 관리하는 것도 의미있는 일입니다. 나아가 구성원들의 스트레스를 관리해 줄 수 있는 리더가 될 수 있다면 그것 또한 보람됩니다. 스트레스를 올바로 인식하고 관리할 수 있다면 조직의 안정성을 향상할 수도 있고 개개인의 행복감을 높여서 결국 생산성의 극대화도 가능합니다.

긍정적인 스트레스는 개인과 조직을 발전으로 이끌어 주기도 합니다. 만약 전혀 스트레스가 없는 개인이나 조직이 있다면 전혀 노력하고 애쓸 일도 없을 것입니다. 시간이 지남에 따라서 무기력감이 팽배해질 것이고 결국은 발전이 아니라 퇴보하게 됩니다. 적당한 스트레스가 있어야 적당한 갈등이 있고 그 해소를 위한 노력도 하게 되며 그 결과, 무엇인가 발전도 가능합니다. 기타 줄이 너무 느슨하면 제 음을 내지 못하는 것과 마찬가지

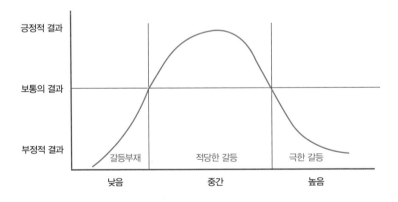

〈데이비드 브라운(david brown)의 갈등의 정도와 결과〉

이치입니다.

스트레스를 현명하게 관리하기 위해서는 먼저 부정적인 생각들을 현실적으로 반박해야 합니다. 경제는 어려워지고 생활비는 부족한데 아이들은 커가는 상황 자체가 스트레스가 될 수 있습니다. 그래서 '살맛이 안 난다'고 푸념을 늘어놓기도 합니다. 도무지 삶의 활력이 없기도 합니다. 뭘 해도 재미가 없고 입맛도 사라집니다. 이렇게 상황을 비관적으로 보기 시작하면 끝이 없습니다.

이럴 때는 현실 속에서 그런 부정적인 생각을 반박할 사실들을 찾아보세요. 아무리 경제가 어려워져도 아직 내가 일할 곳이 있지 않은가? 아무리 생활비가 부족해도 당장 대출금 갚을 정도의 능력은 되지 않은가? 그래도 5년 뒤면 많지는 않지만, 적금을 타게 되지 않은가? 아이들이 비교적 큰 문제나 사고 없이 잘 자라고 있지 않은가? 우리 부부의 건강에 이상이 없고 열심히 살고 있지 않은가? 주위 사람들과 원만한 인간관계를 유지하며 살고 있지 않은가? 등등 생각하고 찾아보면 의외로 부정적인 생각을 반박할 사실도 많습니다.

그렇다고 터무니없는 생각을 하라는 것은 아닙니다. 근거 없는 낙관론은 오히려 위험합니다. 그저 주변 사람들이 부정하지 않을 만한 현실적 이유들을 찾아보는 것입니다. 이런 생각을 하다 보면 부정적인 생각은 점차 사라집니다.

과거의 회상을 통한 긍정적 감정의 회복도 좋은 방법입니다. 극심한 스트레스에 시달리고 있다면 지금까지의 삶에서 가장 행복했거나 보람있었던 순간을 떠올리세요. 이것을 '반추하기'라고 합니다. 반추란 되새김질입니다. 되풀이하여 음미하고 생각하는 것입니다. 자신의 과거를 돌아보면서 의미 있었던 일, 기분이 좋았던 경험, 행복감을 느끼게 해주었던 사람, 가슴을 뛰게 했던 물건 등을 생각하는 것입니다.

시카고 대학교의 심리학 교수인 프레드 브라이언트는 구체적인 실험을 통하여 긍정적인 반추가 사람의 행복을 증진해준다는 것을 알아냈습니다. 즉, 실험집단에게 하루에 두 번씩 혼자서 심호흡을 하고 자유롭게 회상의 시간을 갖도록 했습니다. 그리고 대조군과 비교해보니 실험집단의 행복지수가 훨씬 높게 나왔다는 것입니다. 하루에 몇 분 과거의 성공사례를 회상하는 것으로도 충분히 긍정적인 감정을 만들고 행복해질 수 있다는 것입니다.

이 시대는 모든 것이 너무나 빠르게 진행됩니다. 그래서 하루 10분 만이라도 혼자서 사색할 여유조차 없을 수 있습니다. 그러나 하루 10분간의 긍정적 반추로 행복해질 수 있다면 해볼 만하지 않습니까? 문제의 해법은 의외로 간단하고 가까이에 있습니다. 여러분은 다음의 내용 가운데 몇 개나 경험해 보셨습니까?

- 컵 라면에 물을 붓고는 3분이 되기 전에 미리 열어본다.
- 엘리베이터에 타면 곧바로 닫힘 버튼을 누른다.
- 자판기 커피가 나오기 전에 미리 손을 넣고 기다린다.
- 영화의 자막이 올라가면 즉시 자리에서 일어난다.
- 비행기가 착륙하면 곧장 안전띠를 풀고 일어나서 짐을 내린다.
- 상대방이 통화 중이면 받을 때까지 계속 전화한다.

어떻습니까? 아마도 서너 가지는 경험해 보았을 것입니다. 만약 그렇지 않다면 그분은 한국인이 아닐 가능성이 매우 높습니다. 이것은 한국인의 급한 성격을 말해주는 일상의 모습이기 때문입니다. 이 정도로 우리는 급하게 살고 있습니다. 조금도 기다리지를 못합니다. 이제 조금 느긋해질 필요가 있습니다. 자신을 돌아보면서 느긋함을 즐길 수도 있어야 합니다.

긍정적인 반추와 조금 반대로 힘들고 스트레스 받았던 일들을 조용히 써 보는 것도 효과적일 수 있습니다. 역시 10여 분 정도의 시간을 할애하여 그날 있었던 힘들고 기분 나빴던 일들을 혼자서 조용히 써내려 갑니다. 누구에게 하지 못했던 속마음을 드러내 놓고 씁니다. 말로 표현하지 못했던 부정적 감정을 솔직하게 드러내 보인 것만으로도 스트레스 해소에 도움이 됩니다. 다만 써 놓고 오래 보관해서는 안됩니다. 쓴 내용은 곧바로 없애는 것이 좋습니다. 행여 다른 부작용이나 오해를 방지하기 위함이고 부정적인 사실을 굳이 글로 써서 남길 필요는 없으니까요.

스트레스에서 해방되기 위한 좀 더 깊은 내면의 강화법으로는 원망의 마음을 내려놓고 용서하는 것입니다. 원망하는 마음은 자신이 독약을 마시고 남이 죽기를 바라는 것과 같은 것입니다. 너무나 극심한 스트레스를 받게 되면 원망의 마음이 쌓이게 됩니다. 원망이나 원한을 품는다면 자신을 파멸로 이끌 수 있습니다. 남에게 던지려고 자신의 손으로 불에 달군 석탄을 쥐고 있는 것은 어리석습니다.

스트레스의 원인이 특정의 사람일 경우에 그 사람에 대한 원망이 평생 있을지도 모릅니다. '저 인간 때문에 내 인생이 이렇게 꼬였다'고 원망의 마음으로 살아갈 수도 있습니다. 그러나 그 원망의 마음은 스스로 놓지 않으면 결코 해결되거나 보상받을 수 없습니다. 내려놓는다고 해서 상대방의 잘못을 묵인하는 것은 아닙니다. 사실 용서란 용서하는 사람을 위한 것입니다. 용서하면 자신의 무거운 짐에서 벗어날 수 있습니다.

어떻게 원망을 내려놓고 용서할 수 있을까요? 먼저 현실을 냉철하게 받아들이는 것입니다. 싫든 좋든 이미 지나간 일이라고 받아들입니다. 그리고 과거에서 벗어나는 것입니다. 과거에 얽매이면 미래로 나갈 수 없습니다. 상대방은 과거에 묶여서 꼼짝 못 하는 나 자신을 즐길 수도 있음을 생각하면 결코 그대로 둘 수 없습니다. 반드시 벗어나야 합니다. 그래서 당당하게 바로 서야 합니다. 이렇게 바로 섰음을 보여 주는 것이 진정한 되갚음이 되는 것이라고 생각해야 합니다. 과거의 사건에서 현명한 교훈을 찾으십시오.

회사의 거래가 잘못되어 억울하게 불이익을 당했더라도 이미 지나간 과거의 사실 때문에 괴로워하면서 관련자를 원망하지 마십시오. 그 일에서 다음 프로젝트 때에는 반드시 이러 이러한 사항을 확인하고 일을 진행해야 하겠다는 교훈만 취하시면 됩니다. 실패도 나름의 의미가 있는 이유가 바로 이런 것입니다. 그래서 성숙한 사람은 실패를 경험하면 발전할 수 있습니다. 하지만 성숙하지 못한 사람은 실패로 원망과 좌절만 남깁니다.

과거는 바꿀 수 없습니다. 그러나 미래는 우리가 만들기 나름입니다. 지금부터 어떻게 그려 가는가에 따라서 달라질 수 있습니다. 그 기회를 놓쳐서는 안됩니다. 놓치면 또 한 번의 실패가 됩니다. 이미 잘못된 과거의 사건이고 지나간 일임을 받아들이고 교훈을 찾아서 더 발전된 나 자신의 모습을 그려 가는 것, 이것이 회복 탄력성입니다.

언어의 변화를 통한 스트레스에 대처하는 방법도 있습니다. 대개 스트레스가 생기는 상황에는 주로 "어떻게 나에게 이런 일이 생기지? 왜 하필 나야? 어떻게 그럴 수가 있어?" 등의 말을 합니다. 이런 통상적인 말을 바꾸어 보는 것입니다. '어떻게 그럴 수가 있어?'를 '그럴 수도 있지!'로 바꾸는 것입니다. 말 한마디만 바꾸어도 인생이 바뀔 수 있습니다.

스트레스를 잘 받는 사람의 성격적인 면을 보면 성품이 곧은 사람, 완벽주의자, 성취욕이 높은 사람, 성미가 급한 사람인 경우가 많습니다. 이들은 일이 잘 안 풀리면 극심한 스트레스를 받습니다. 옳지 못함에 대하여 참을 수가 없기 때문에, 자신의 의도대로 안 되었기 때문에, 기대하는 것보다 늦어지기 때문에 스트레스를 받는 것입니다. 그래서 '어떻게 이럴 수가 있어?'라며 분통을 터뜨립니다.

또는 사람들에게 인정받기를 원하는 성향의 사람이나 과시욕이 많은 사람도 스트레스를 잘 받습니다. 소속 집단이나 공동체, 혹은 주변의 사람들에게 좋은 이미지를 주기 원하는 사람일수록 스트레스에 약합니다. 그런 사람은 모든 사람에게 좋게 보이고 싶어 합니다. 누군가에게라도 책 잡히는 일은 하지 못합니다. 조금이라도 비난의 눈초리가 있으면 견디지 못하는 성향입니다. 그래서 지나치게 긴장하고 때로는 자책하기도 합니다. 그러니 스트레스가 됩니다.

우리는 삶을 살면서 세상 모든 사람들에게 좋은 평가를 받거나 모든 일을 잘한다는 말만 듣고 살 수는 없습니다. '왜 내가 모든 사람에게 좋은 말만 듣고 살아야 하는가?'하고 자기 자신에게 말할 수 있어야 합니다. 자신의 의도와는 다르게 자신을 나쁘게 평가하는 사람이 있을 수 있음을 인정해야 합니다. 그러면 스트레스가 안 됩니다.

완벽하려고 하니까 스트레스가 생깁니다. 지나치게 청결해도 면역력이 약해진다는 조사결과가 있었습니다. 우리는 건강을 위하여 씻고 또 씻고 닦습니다. 그런데 너무나도 깨끗하게만 하면 오히려 면역력이 약하다는 역설적인 사실이 밝혀졌습니다. 적당한 정도는 더러움도 있어야 우리 몸이 적응하고 견디려 노력하여 면역력을 키운다는 것입니다.

좀처럼 야단맞아 본 경험이 없는 사람은 조금만 싫은 소리를 들어도 과민 반응을 보입니다. 그냥 지나쳐도 될 일인데도 온종일 머리를 싸매고 고민하기도 합니다. 자신의 인생이 무너지는 듯한 충격을 받습니다. 그래서 극단적인 선택을 하기도 합니다. 매일 꼴찌에서 맴도는 아이는 절대로 아파트 옥상으로 올라가지 않습니다. 대입 수능을 전후하여 옥상으로 올라가는 학생은 1, 2등을 다투는 학생인 경우가 대부분입니다. 완벽주의 때문입니다.

'어떻게 이럴 수가?'를 '그럴 수도 있지'라고 할 수 있다면 스트레스를 조절할 수 있게 됩니다. 직장에서도 실수나 실패를 용납하지 못하는 상사가 있으면 조직이 경직됩니다. 가정에서도 조그만 잘못도 그냥 넘어가지 못하는 부모가 있으면 자녀들이 숨이 막힙니다. 수동적이고 소극적이 됩니다. 창의성이 떨어지게 되는 법입니다. '그럴 수도 있지, 뭐.' 이 한마디가 숨을 트이게 하고 피차 스트레스를 줄입니다.

이제까지는 정적인 방법을 통하여 스트레스에 대처하는 법을 살폈다면 좀 더 적극적인 활동을 통하여 회복 탄력성을 향상하는 방법을 살펴보겠습니다. 먼저 일상적으로 많이 활용할 수 있는 방법 가운데 복식호흡이 있습니다. 우리가 흔히 "평소에 무슨 운동을 하세요?"라고 물으면 "숨쉬기 운동밖에 안 해요."라고 하지만 사실은 숨쉬기도 제대로 한다면 운동이 되는 것입니다. 그게 복식호흡입니다. 복식호흡을 횡격막 호흡이라고도 합니다.

숨을 쉴 때 대개는 코로 숨을 들이마시면서 가슴이 올라가는데 복식호흡은 들숨을 쉴 때 아랫배가 나오게 하는 것입니다. 그리고 날숨을 쉴 때 아랫배가 들어가도록 합니다. 가슴이 들썩이지 않게 하고 아랫배가 들락날락하도록 숨을 쉬는 연습을 해보십시오. 집에서 편안히 하는 방법을 소개해 드리겠습니다.

- 먼저 바닥에 누워 편안한 자세를 취합니다. 두 눈을 감고 몸을 바닥에 맡기듯이 이완시키는 것입니다.
- 한 손은 배 위에, 다른 한 손은 가슴에 올려놓습니다. 이것은 숨을 쉴 때 가슴이 들썩이는지, 배가 들썩이는지 확인하기 위한 것입니다. 배에 책을 한 권 올려놓는 것도 좋습니다. 호흡으로 배의 근육을 단련시키는 효과를 볼 수 있습니다.
- 그다음 코로 숨을 최대한 깊이 들이마십니다. 이때 배가 불룩 나오는지 확인하시고 가슴이 들썩이지 않도록 합니다.
- 들이마신 숨을 잠시 멈추어 봅니다. 1~2초간 멈춘다고 생각하면 됩니다.
- 숨을 내쉬면서 배가 쏙 들어가도록 합니다. 완전히 숨을 내쉬어 배가 들어가도록 해야 합니다.

한 번에 3분가량, 하루에 3회 정도 반복하면 효과적입니다. 복식호흡은 일반호흡보다 30%가량 에너지 소모가 많습니다. 폐를 강화하는 효과가 있음은 물론입니다. 또한 행복 호르몬, 공부하는 호르몬이라고 알려진 세로토닌의 분비를 강화해서 안정감을 찾는 데 도움을 줍니다. 복부의 근력을 강화하여 내장 기관을 튼튼히 하고 혈액순환을 원활하게 해 줍니다. 자연히 뇌의 긴장 상태를 안정시켜 자율신경 안정화로 면역체계도 강화됩니다. 꼭 누워서 해야 하는 것은 아닙니다. 의자에 앉은 상태로도 할 수 있습니다. 가슴과 배에 손을 올려놓고 위에서 설명한 방법과 같이 해 보십시오. 복식호흡만으로도 체중 감량의 효과를 보기도 합니다. 이런 움직임을 통해서 정서적인 안정감과 몸의 이완을 촉진하여 스트레스 내성을 강화합니다.

스트레스에 대처하는 좀 더 활동적인 방법은 운동입니다. 운동 가운데에도 유산소 운동을 하는 것이 효과적입니다. 유산소 운동이란 우리 몸의 체지방을 감소시키도록 지방을 태우는데 도움을 주는 것으로 조깅, 줄넘기, 수영, 자전거 타기 등을 들 수 있습니다.

이 가운데 조깅을 예로 든다면 일정 시간을 가볍게 뛰는 것만으로도 뇌속의 베타 엔도르핀을 활성화해서 우울증을 완화하고 스트레스를 감소시키는데 뛰어난 효과가 있습니다. 특히 유산소 운동은 강약을 조절하여 리듬 있게 하면 지방 연소 능력이 일반 운동보다 9배 많아진다고 합니다. 조깅과 같이 일정하게 리듬을 타면서 할 수 있는 유산소 운동이 효과적입니다. 심장 기능이 강화되면 우리의 감정 조절 에너지가 강화됩니다.

조깅을 하다 보면 자연적으로 외부에서 시간을 보내며 햇볕을 쬐게 됩니다. 알려진 대로 햇볕은 항우울제보다 훨씬 효과적인 우울증 치료제 역할을 합니다. 햇볕을 쬠으로써 뇌 속의 세로토닌 분비가 활성화되고 그 영향으로 평화로움과 안정감을 느낄 수 있습니다. 하루 20분 정도의 햇볕만으로도 충분한 효과를 볼 수 있습니다. 날씨가 흐리고 우중충하면 기분도 우울해 지는 이유는 햇볕의 영향이 큽니다. 실제로 일조량이 적고 장마가 지속되는 지역에서의 우울증 환자나 자살하는 사람이 늘어나는 현상을 볼 수 있습니다.

일명 '행복 호르몬'이라고 불리는 세로토닌의 분비를 활성화하기 위해서는 식사를 천천히 하는 것이 중요합니다. 대부분의 체내 호르몬은 뇌에서 생성되는 것이 일반적이지만 세로토닌이라는 물질만은 장에서 생성이 됩니다. 따라서 급하게 식사를 하기보다는 천천히 여유를 가지고 즐겁게 식사하게 되면 장이 편안해져서 세로토닌의 분비가 왕성해집니다.

직장인들의 평균 식사 시간은 아마도 10분 정도일 것입니다. 마치 전투하듯이 먹어 치우고 자리에서 일어섭니다. 조금만 느긋하게 식사하는 습관을 길러 보십시오. 세로토닌 분비를 촉진하여 회복 탄력성의 강화에도 도움이 될 것입니다.

스트레스에 시달리거나 화가 나는 일이 있을 때 머리를 감싸고 어두운 곳에서 분노를 곱씹으면서 '세상에, 그럴 수가 있어?' 하고 계시지는 않습니까? 우리나라는 특히 남성 직장인들이 스트레스를 푼다는 명목으로 자주 찾는 곳이 대개는 지하세계에 발달해 있다는 사실을 주목하고 싶습니다. 요즘 무슨 방의 형태로 지하에 발달한 그곳에서는 스트레스를 효과적으로 다스릴 수가 없습니다. 햇볕이 화창한 밖으로 나와야 합니다. 한바탕 땀을 흘리면서 뛰든지, 적어도 20~30분간 걷기라도 하는 편이 훨씬 과학적이고 경제적입니다.

걷기나 조깅은 부부가 함께하면 좋습니다. 특히 걷기 정도만 꾸준히 해도 효과적인데 부부가 함께 손을 잡고 하면 더욱 좋습니다. 하루 종일 스마트폰은 손에 달고 살지만 배우자의 손을 잡는 시간은 너무 짧습니다. 휴대전화만도 못한 대우를 하고 있는 배우자 손에 미안함을 표시하는 방법으로 함께 걷기를 권합니다. 스트레스도 감소시키고 부부간의 대화의 시간을 마련할 수 있습니다.

심장 기능을 강화하고 면역체계도 강화할 수 있는 좋은 운동으로 웃음이 있습니다. 웃음치료라는 말을 들어보셨을 것입니다. 웃음이 치료의 수단으로 인정받고 있습니다. 이미 해외에서는 오래전부터 웃음치료의 효과가 인정되었는데 우리나라도 최근에는 대학병원에서도 공식적으로 웃음치료를 활용하고 있습니다.

국내에 웃음치료를 최초로 도입한 한광일 박사에 의하면 밀레투스라는 고대의 의사가 지은 《인간의 특성》에서 웃음이라는 말의 어원을 '헬레(hele)'라고 소개한다고 합니다. 이것은 우리가 잘 아는 '헬스(health)'의 의미로서 건강과 연결됩니다. 그만큼 웃음이 건강과 밀접한 관계가 있음을 고대로부터 인식하고 있었던 것입니다.

저도 내성적인 성격을 바꾸는 데 도움이 될까 해서 몇 년 전 웃음치료사 과정을 마쳤습니다. 정식으로 배워보니까 웃음이란 것이 정말로 운동이 되었습니다. 땀이 날 정도로 웃으니까 밤에 잠도 잘 잘 수 있었고, 처음에는 근육통이 있을 정도로 에너지 소모가 컸음을 체험하였습니다. 웃음이란 인간에게 주어진 가장 좋은 치료제입니다. 인간에게 최고의 의사는 면역력입니다. 그 면역력을 강화하는 최고의 방법이 웃음입니다.

어린 아기일 때 하루 평균 수 백 번씩 웃었던 우리가 성인이 되면서 급격

〈스마일〉

히 덜 웃습니다. 여러분은 하루에 호탕하고 유쾌하게 웃는 횟수가 몇 번이나 된다고 생각합니까? 생각보다 많지 않습니다. 성인의 웃음은 하루 평균 4~5회라고 알려졌습니다. 그것도 아마 비웃는 것까지 포함했을 때 그렇지 않을까 생각됩니다.

10초간 웃으면 3분간의 노 젓기, 4분간의 조깅과 같은 효과가 있다고 합니다. 우리 몸에는 650여 개의 근육이 있고 얼굴에는 80여 개가 있다고 합니다. 웃음은 이 모든 근육을 움직이게 할 수도 있는 격렬한 운동이 된다는 것입니다. 15초를 호탕하게 웃으면 이틀을 더 살 수 있다고도 합니다. 암치료를 받고 있는 환자들에게 웃음을 처방하는 병원도 있습니다. 반드시 하루에 일정 횟수를 크게 웃도록 하는 것입니다. 임상적으로도 효과가 있음이 밝혀졌습니다.

스트레스가 느껴지면 잔뜩 움츠러들기 마련입니다. 표정이 어두워지고 찡그리게 됩니다. 웃을 때 얼굴에 주름이 생길까 봐 염려하는 분도 있지만 오히려 찡그리고 인상 쓸 때 주름이 더 많이 집니다. 그러니 기분이 내키지 않더라도 미친 듯이 크게 소리 내어 웃어 보십시오. '박장대소'란 손뼉을 치면서 크게 웃는 것을 의미합니다. 기왕이면 이렇게 박장대소해보세요. 한 번의 박장대소가 윗몸 일으키기를 25회나 하는 효과라고 합니다. 그러면 요절복통이 되는 것입니다. 말 그대로 허리가 끊어질 것 같고 배가 아플 정도로 웃는 것입니다.

훌륭한 리더십을 위해서는 스트레스를 현명하게 관리할 줄 알아야 합니다. 리더가 자신의 정서와 감정을 제어하지 못하고 신경질을 부리거나 짜증낸다면 구성원이 마음으로 따르기 힘듭니다. 리더의 감정 바이러스가 온 조직에 퍼지게 됩니다. 조직의 분위기는 곧 생산성으로, 구성원의 행복과도 연결됩니다. 따라서 스트레스를 포함한 리더의 자기 관리는 조직관리에 있어서 생각보다 중요한 일입니다.

3. 기질과 뇌의 특성을 알면 리더십이 향상된다

성공하는 리더가 되기 위하여 자신을 보다 회복 탄력적으로 만드는 것은 리더의 의무이기도 합니다. 그런데 사람마다 고유의 기질적 특성을 가지고 태어납니다. 그런 특성의 차이로 인해 마찰이 생기기도 하고 스트레스를 받습니다. 또한 기질적 특성 따라서 스트레스에 대처하는 방식도 다릅니다. 이런 다양한 기질적 특성을 이해하고 있다면 사람을 대하고 스트레스를 해소하는 방법에도 참고가 될 것입니다.

많은 기질적 특성에 대한 연구가 되었고 그 종류도 매우 많습니다. 그 가운데 간단한 개념으로도 기질적 특성을 손쉽게 이해하고 대응할 수 있는 에니어그램의 기초적 내용을 살펴보고자 합니다.

에니어그램은 기원전 2,500년 전에 중동 지역에서 내려 온 고대의 지혜라고 합니다. 이것을 1960년대 심리학자인 이카조와 나란조가 성격 유형의 연구를 위해 이론적으로 해석하여 정리하고, 이후 많은 후대의 연구자들이 체계적으로 발전시켜 온 것입니다.

에니어(ennea)는 그리스어로 '아홉'을 의미하고 그램(gram)은 '점'을 뜻합니다. 그러니까 에니어그램이란 말의 의미는 '아홉 개의 점'입니다. 에니어그램의 상징이 원 안에 아홉 개의 점이 그려진 별 모양인 것도 이런 이유입니다. 에니어그램은 사람들이 느끼고 생각하고 행동하는 유형을 아홉 가지로 분류하여 그중 하나의 타고난 유형을 찾아가는 행동과학입니다.

에니어그램에는 이렇게 아홉 가지의 유형이 있고 각각 독특한 사고방식, 감정, 행동을 표현하며 서로 다른 발달행로와 연결되어 있습니다. 나라와 문화마다 개인적인 차이가 있겠지만 에니어그램은 같은 유형끼리는 문화권이 달라도 그 기본적인 인성적 성장과 동기는 같습니다. 남녀의 성별에 따른 차이도 크지 않습니다.

그런데 에니어그램의 아홉 유형을 알기 전에 먼저 각자의 '중심'을 찾는 것이 필요합니다. 각각의 중심은 신체 부위에 해당하는데, 심장, 머리, 장의 세 중심으로 나뉘게 됩니다. 물론 사람은 이 세 가지 힘의 중심을 모두 가지고 있지만 그 중 어느 한 가지 중심을 좀 더 지배적으로 사용하고 있습니다. 심장 중심은 감정중심, 머리 중심은 사고중심, 장 중심은 본능중심이라고 할 수 있습니다.

'심장 중심'의 사람들은 다른 사람이 자신을 어떻게 보는지에 관심을 둡니다. 둥글둥글한 체격과 매력적인 미소가 특징이고 업무보다는 사람 지향적입니다. 즉, 에너지를 마음을 주고받는 인간관계에서 얻는 유형입니다. 이들은 분위기 중심으로 살아가는데, 그 언어적인 특징으로 본다면 '느낌' '기분' '필(feel)' 등의 단어를 선호합니다. 그러니까 분위기가 무르익어야 이야기도 통하고 마음이 열리는 스타일입니다.

이런 유형과 대화를 한다면 상대방의 인간적인 부분, 감정 상태에 주목하여 대화를 진행할 필요가 있습니다. 상대의 감정이 상하거나 너무 업무적인 분위기에서 정색하고 대화에 임하면 오히려 실패할 가능성이 높습니다.

'머리 중심'의 사람들은 객관적인 사실에 주목하여 비교, 관찰, 분석하는 유형입니다. 대개는 가냘프고 빈약한 근육발달을 특징으로 볼 수 있습니다. 이들은 소극적인 경우가 많고 어떤 결정이 객관적, 논리적, 합리적인가에 관심을 둡니다. 근거와 이유를 중시하며 살아가고 언어적인 특징으로는 '왜' '이유' '논리' 등의 단어를 선호합니다. 결국, 이유가 타당하다고 판단되어야 마음을 여는 것입니다. 인생에서 의무와 책임을 중시하는 스타일입니다.

이런 유형의 사람이라면 너무 기분이나 감정에 얽매여서 대화하기보다는 명확한 자료와 구체적인 사례를 들어가면서 설명하는 것이 보다 설득하기 쉽습니다. 부탁할 경우에도 그동안의 관계에 기대어 '한 번 봐달라'는 식으로 접근했다가는 실없는 사람 취급받기 십상입니다. 관계는 관계고 일은 일이라는 명확하고 냉철한 기준을 가진 유형이기 때문입니다.

'장 중심'의 사람들은 현실을 머리나 가슴으로 통과시키기보다는 몸을 먼저 움직입니다. 대개 건장하고 잘 발달한 체격을 가지고 있습니다. 담력이 있고 본능과 배짱이 있으며 서열을 따지고 싶어 합니다. 그래서 인생에서 자신의 영역에 대한 민감함을 보입니다. 이들은 태도와 경험을 중시 여기며 '해보자' '할 수 있다' '지금 바로' 등의 단어와 친숙합니다.

이런 유형의 사람은 대하는 태도에 민감합니다. 상대방이 깍듯한 자세로 자신을 대하길 기대합니다. 시원시원하게 단도직입적으로 대화의 내용을 설명하는 편이 훨씬 효과적입니다. 우물쭈물하거나 너무 많은 상세한 자료를 가지고 대화를 진행하면 속 터진다고 소리 지를 가능성이 높습니다. 부탁할 경우에는 "이번 한 번 밀어주시면 다음에 반드시 보답하겠다."라고 차라리 솔직하고 용기 있게 말하는 편을 선호하는 편입니다.

상대방과 식사하는 장면을 상상해 봅시다. 유형마다 각각 다른 기준을 가지고 있습니다. 심장 중심의 유형은 식사 자체보다 함께 만나서 식사하는 그 자체를 즐깁니다. 먹는 것보다는 상대방과 함께 대화를 나누는 자리로 활용하는 편입니다. 그러니 어떤 식당에서 어떤 메뉴로 식사하느냐보다는 어떤 분위기의 식당에서 누구와 어떤 대화를 나누느냐가 더 중요합니다.

반면에 머리 중심은 만나서 함께 식사하는 자체를 피곤해합니다. 사람은 왜 먹어야만 하는가, 그 자체를 고민하는 유형입니다. 가능하면 가장 간단하게 마치기를 원합니다. 만나는 이유가 명확하고 만나서 무엇인가 유익한 정보를 얻었다는 느낌이 더 중요하기 때문입니다. 만남의 시간이나 식사 시간이 예정보다 길어지거나 늦어지는 것을 못 참는 스타일입니다.

마지막으로 장 중심은 식사 자체를 왕성하게 즐깁니다. 푸짐하게 잘 먹는 것이 주된 목적입니다. 국수나 빵 종류를 먹으면 그것은 식사가 아니라 간식일 뿐이라고 생각합니다. 역시 밥을 먹어야 먹었다고 여깁니다. 그래서 장 중심의 상대와 식사 약속을 할 경우엔 메뉴가 중요합니다. 푸짐하게 먹을 수 있는 분위기에서 식사하는 것이 좋습니다. 이렇게 한 번 푸짐하게 먹고 나면 다음에 상대방이 푸짐하게 사는 일이 많은 것도 특징입니다.

퇴근 후에 연락도 없이 밤새 안 들어오다가 새벽에 들어온 남편에게 잔뜩 화가 난 아내가 유형별로 보이는 반응은 어떻겠습니까? 여러분도 한번 자신의 상황을 통해서 상상해 보세요. 심장 중심의 아내는 아무 일 없이 들어 온 그 자체를 기뻐합니다. 자신이 밤새 얼마나 걱정했는지를 말합니다. 바로 감정이 중심이 되는 스타일이기 때문입니다.

그런데 머리 중심의 아내는 '왜 연락이 안 되었는지'에 대해 가장 먼저 따지고 묻습니다. 어디에서 뭐 했는지 말하라고 다그칩니다. 이해할 만한 이유를 대지 못하면 화가 안 풀립니다. 밤새 안 들어온 사실도 화가 나지만 왜 연락이 안 되었는지, 어디에서 누구와 있었는지가 더 궁금합니다. 논리적으로 합당한 이유가 아니면 절대 수긍하지 않습니다.

자, 그러면 장 중심 아내는 어떤 반응일까요? 그렇습니다. 다짜고짜 고함을 지르며 나가라고 윽박지릅니다. 전후 사정을 듣지도 않습니다. 일단 행동으로 보이고 나서 듣든지 말든지 합니다. 목소리도 매우 크게 냅니다. 피치 못할 사정이 있었음을 나중에 듣게 되면 그제야 "진즉 말을 하지 그랬어…."라고 아무렇지도 않듯이 말합니다. 정작은 말도 꺼내기 전에 소리부터 지르고 난리를 피우고서는 말입니다.

직장에서도 말하고 행동하는 모습을 조금만 관찰하면 어느 유형인지 금방 알 수 있습니다. 그리고 리더 스스로 자신의 유형을 인식하고 사람을 대하는 것은 매우 중요합니다. 더 나아가서 상대방의 유형을 고려하여 그 사

〈세 가지 힘의 중심〉

람의 특성에 맞게 대해준다면 훨씬 관계 역량이 향상될 것입니다. 물론 팀워크 향상과 성과 향상에도 분명 도움이 됩니다.

스트레스에 대한 대응 방법을 비교해 보면 여기에도 차이가 있습니다. 먼저 머리형인 경우에는 조용히 혼자 있고 싶어 합니다. 생각을 정리하는 것이 필요하기 때문입니다. 이런 유형은 복잡하고 시끄러운 상황을 불편해합니다. 대화해도 무의미한 말보다는 논리적이고 합리적인 내용이나 주제에 대한 대화를 선호합니다. 그다지 여담을 즐기지 않는 스타일입니다.

가슴형의 경우에는 어울리고 함께 있어야 풀립니다. 누군가와의 관계 속에서 자신의 의미를 찾는 스타일이므로 외로운 것은 참기 힘들어합니다. 대화의 방식도 활발하고 유쾌한 편을 선호합니다. 꼭 필요해서라기보다는 함께 어울리기 위해 대화하는 경우가 많습니다. 상대방과 무엇인가 교감을 나누고 주고받는 자체가 중요하기 때문입니다. 머리형이 보기에는 쓸데 없는 말인 것 같아도 가슴형에게는 관계 형성을 위한 나름 중요한 수단일 수가 있습니다.

장형의 경우에는 스트레스를 역동적으로 푸는 경향이 있습니다. 격렬한 운동이나 야외로 나가는 등의 활동을 선호합니다. 정적으로 조용히 있는 것은 오히려 답답함을 더해 준다고 여깁니다. 크게 고민하거나 미리 준비하지 않고도 쉽게 결정하여 행동에 옮깁니다. 역시 대체로 어울려서 해소하는 성향이 강합니다.

회식이라도 하려면 머리형은 일단 사람으로 번잡한 장소나 소음이 많은 곳은 내키지 않습니다. 차분하고 세련된 분위기를 좋아합니다. 그런데 가슴형이나 장형은 일단 모여서 어울려야 직성이 풀립니다. 안으로 에너지를 분출하지 못하고 밖으로 분출하고자 합니다. 그러니 장형이 주동이 되어서 노래방이라도 가면 가슴형과 장형은 살판이 납니다. 넥타이를 머리에 둘러 매기까지 해야 잘 놀았다고 만족합니다. 하지만 머리형은 그 자체가 골치 아플 따름입니다.

리더가 구성원들의 기질적 성향을 제대로 파악하고 행동하는 것은 상호 스트레스를 줄이는 방법이기도 하겠지만 리더십의 기본적인 자세입니다. 남을 이해하고 배려하여 의사결정을 하는 신중함과 아량이 필요하기 때문입니다.

여러분은 어느 유형에 가까운지 생각해 보십시오. 먼저 자신의 유형을 제대로 알아야 합니다. 여러분의 주변 인물 가운데 떠오르는 사람을 생각해 보세요. 각 유형별로 가장 먼저 생각나는 한 사람씩을 떠올리고 그 특징을 비교해 보면 좋겠습니다. 유형을 구분하는 훈련으로는 여러분의 가족 구성원을 비교해 보는 것도 좋은 방법입니다. 자꾸 머릿속으로 떠올리며 반복하는 것이 빨리 몸에 익히는 가장 좋은 방법입니다.

현재는 회복 탄력성을 강화하기 위하여 뇌를 훈련하는 시대입니다. 이미 다니엘 핑크는《새로운 미래가 온다》에서 좌뇌와 우뇌를 모두 사용하는 '온전한 뇌'의 활용을 강조한 바 있습니다. 기존에 우리가 익숙했던 좌뇌 지향적인 사고에 더하여 이제는 우뇌를 개발하여 전체적인 뇌의 활용도를 높이자는 것입니다.

좌뇌는 전반적으로 논리적인 부분을 담당하고 있습니다. 그리고 우뇌는 감성적인 부분을 담당하고 있습니다. 그런데 대개의 경우 학교 교육의 영향과 지능지수(IQ)라는 개념으로 인하여 그 동안 좌뇌 지향적인 삶을 살아 온 것이 사실입니다.

하버드대학교의 하워드 가드너 교수에 의해 알려진 바대로 우리의 지능은 이제까지 중시했던 IQ 이외에도 더 많은 종류의 지능이 있습니다. 그래서 다중지능 이론을 정리한 것입니다. 다중지능 이론에서는 인간의 지능을 여덟 가지로 구분하고 있습니다. 그것은 언어 지능, 음악 지능, 논리수학 지능, 공간 지능, 신체운동 지능, 인간친화 지능, 자기성찰 지능, 자연친화 지능의 여덟 가지입니다.

세상에는 모든 것을 완벽하게 다 잘하는 사람도 없고 모든 것을 완벽하게 다 못하는 사람도 없습니다. 그런데도 우리는, 특히 부모의 입장에서는 자녀들에게 만능이 되길 바라는 것처럼 눈높이를 높여서 가르치려고 합니다. 어느 특정 분야를 잘 못 한다 싶으면 참지를 못합니다. 그리고 당연히 논리수학 지능은 뛰어나길 바랍니다.

사람의 뇌에는 이렇게 다양한 서로 다른 지능적 인자가 존재합니다. 그러므로 사람을 대할 때는 어떤 지능이 잘 발달한 사람인가에 관심을 가지고 대해야 합니다. 모두가 같은 기준이나 틀 안에서 대할 수는 없습니다.

다시 본론으로 돌아가면, 이렇게 뇌의 기능을 연구한 결과 회복 탄력성을 높이기 위한 방법으로 뇌와 관련된 것도 중요한 일임을 알 수 있습니다. 우리가 좌뇌 편향적으로 살아왔다면 우뇌를 개발하여 온전한 두뇌를 활용하도록 하는 것이 회복탄력적인 삶을 사는 방법이 될 수 있습니다. 그래서 '두뇌'가 중요하다는 말은 '두(개의) 뇌'가 중요하다는 말과 같습니다.

이런 관점에서 좌뇌보다 덜 관심 받던 우뇌를 개발하는 것은 온전한 두뇌 활용을 위한 균형적인 노력이라고 할 수 있겠습니다. 우뇌를 개발하는 방법을 몇 가지 소개하겠습니다. 먼저 상상을 즐기는 것입니다. 과거의 추억을 떠올린다든지 어릴 적의 기억을 되새기는 것, 평소에 관심을 두지 않았던 일에 호기심을 가져 보는 것, 밀접한 상관관계가 없는 일들을 일부러 연결하여 생각해 보는 것, 긍정적인 생각을 하면서 자주 웃는 것, 낙서하는 것, 산책하면서 마음의 긴장을 이완시키는 것, 유머를 많이 사용하는 것 등이 좋은 방법입니다.

특히 유머는 우뇌의 발달에 큰 영향을 주면서 회복 탄력적인 삶을 사는 데 매우 밀접한 관계가 있음이 밝혀졌습니다. 극심한 심리적 공황 상태까지 겪었던 베트남 전쟁 참전 군인이나 9 · 11테러의 충격을 경험한 사람들, 혹은 대형 참사로 인해 외상 후 스트레스 증후군 등을 경험한 사람들조차도 유머를 적극적으로 활용하여 심신의 안정을 회복하는 데 성공한 사례들이 많이 보고되고 있습니다. 유머는 회복 탄력성을 강화합니다.

유머 감각이 뛰어난 리더가 사람을 잘 이끈다고 볼 수 있습니다. 업무적인 경직됨을 풀어주고 마음에 여유를 주는 유머는 창의적인 아이디어를 내는 데에도 중요한 역할을 하기 때문입니다. 회의 시간에 유머가 통하는 분

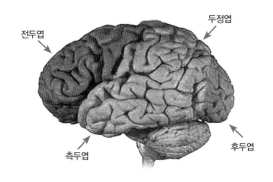

〈두뇌의 모습〉

위기를 만들고 심리적인 유연함을 유도하는 리더는 구성원들의 창의적 아이디어 도출에 활력을 주는 것입니다. 그러나 엄숙하고 냉랭하며 자칫하다가는 불호령이 떨어질까 위축된 회의 분위기에서는 창의적인 아이디어가 나올 수 없습니다.

얼굴에 대한 핸디캡으로 수염을 기르기 시작한 링컨 대통령에게 외모에 대해 비난한다면 대단한 모욕적이고 무례한 행위가 아닐 수 없습니다. 그런 링컨 대통령에게 한 야당 의원이 "당신, 두 얼굴을 가진 이중인격자 아니오?"라고 야유했습니다. 순간 썰렁한 분위기에 모두 긴장했을 때 링컨 대통령은 이렇게 대꾸했습니다. "내가 얼굴이 두 개라면 하필 이 얼굴로 나왔겠습니까?"

유머는 적시에 위력을 발휘합니다. 유머가 있는 리더는 그만큼 더 자신감 있는 모습으로 보입니다. 사실 자신감이 없으면 유머를 적시에 사용하지도 못합니다. 유머가 있는 리더는 사람과의 관계를 만들 줄 아는 것입니다.

지금까지 살펴본 것처럼 행복한 리더가 되기 위해 회복 탄력성을 강화하는 노력이 필요합니다. 그런 노력 가운데 이제는 뇌에 대한 새로운 접근도 시도할 때입니다. 논리적인 면으로만 리더십을 발휘할 수는 없습니다. 우뇌의 활성화로 전체 두뇌의 활용도를 높여가는 것이 중요합니다.

좌뇌와 우뇌의 균형을 맞추는 노력이란 쉽게 말하면 평소에 하지 않던 생각이나 행동을 해보는 것입니다. 전화를 받을 때 늘 오른쪽 귀에 갖다 댔다면 일부러 왼쪽 귀에 대보는 것입니다. 직장에서 늘 점심을 함께 먹는 사람을 생각해 보십시오. 아마도 거의 정해진 사람들일 것입니다. 이제부터 일부러 자주 함께하지 않았던 사람과 어울릴 기회를 만들어 보십시오. 또한, 출퇴근 코스를 가끔씩 바꿔보는 것도 좋은 시도입니다.

이번엔 깍지를 한 번 껴보십시오. 옆 사람과 비교해 보세요. 오른손 엄지 손가락이 위에 있나요, 아니면 왼손 엄지손가락이 위에 있나요? 그리고 이제 다시 평소와 반대로 깍지를 껴보세요. 느낌이 어떻습니까? 매우 어색하고 불편할 것입니다. 이런 평소와 다른 행동을 해보는 것으로 뇌에 균형적인 자극을 줄 수 있습니다. 물론 처음엔 어색할 것입니다. 그런데 이런 평소와는 다른 자극이 두뇌의 균형적인 발달에 유익합니다.

'아침형 인간'이 화제가 되었던 적이 있습니다. 그런데 이제는 '앞쪽형 인간'이 화제입니다. 삼성서울병원 신경과의 나덕렬 교수님의 이론으로서 현대인들이 생각하기를 싫어하고 충동적 욕구에 좌우되는 현상은 앞쪽 뇌를 사용하지 않기 때문이라고 합니다.

인터넷의 발달과 각종 스마트 기기들의 활용으로 인간은 점점 스스로 생각하고 우선순위를 정하며 판단하는 일을 귀찮아하는 경향이 있습니다. 그런데 우리의 뇌에서 전두엽이라고 하는 앞쪽 뇌가 바로 이런 판단력, 충동이나 욕구를 조절하는 기능을 담당하고 있습니다. 이 전두엽이 발달하지 못하면 후두엽이라는 뒤쪽 뇌에서 전달되는 충동이나 욕구에 대해 적절하게 조절을 못 하는 것입니다.

뒤쪽형 인간은 수동적이고 주변의 반응에 민감하게 반응하는 사람들입니다. 이에 비해 앞쪽형 인간은 주도적이고 창조적이며 내부의 소리에 귀를 기울여서 올바른 판단을 할 수 있는 사람들입니다. 그래서 인생의 성패는 바로 앞쪽 뇌의 역할에 좌우된다는 것입니다. 앞쪽 뇌가 손상되면 인간관계가 좁아지고 메마르게 됩니다. 그리고 조급해하며 감정 조절을 못 하고 남을 배려하지 못하며 사고력이 떨어집니다.

따라서 앞쪽 뇌를 개발하여 자신의 능력을 적절하게 발휘하여 조직과 사회를 건강하게 만들어야 합니다. 앞쪽 뇌를 개발하면 뒤쪽 뇌도 함께 개발되지만 뒤쪽 뇌만 개발하면 앞쪽 뇌가 함께 개발되지는 않습니다. 여기에 간단히 실천할 수 있는 앞쪽 뇌 개발법을 소개하겠습니다.

첫 번째, TV나 스마트폰 등의 이용을 줄이고 책이나 신문을 읽는 것입니다. 나 교수님은 많이 읽고 자신의 생각을 글로 쓰는 것이 매우 효과적인 방법이라고 권합니다. 어쩌면 옛날에 《천자문》을 외우고 큰 소리로 담 너머까지 들리도록 글을 읽던 그 시절에 앞쪽 뇌가 더 발달했을지도 모릅니다. 그것이 좋은 방법이었던 것입니다.

두 번째, 연상력 강화에 도움이 되는 행동을 하는 것입니다. 자기 자신에게 말을 걸면서 셀프 토크를 해봅니다. 끝말잇기 게임, 추리 문제를 풀어보는 것 등도 좋은 방법입니다. 직장에서도 회식이나 모임에서 혹은 회의 시간에 잠깐씩 이런 게임을 해보면 어떨까요? 형식을 파괴하는 도전에서 오히려 신선한 아이디어가 나옵니다.

초일류 기업의 회의 문화를 보면 과거의 한국적인 회의 모습과는 전혀 다릅니다. 회의 시간이라고 모두 상사가 일방적으로 지시하고 따져 묻고 책임을 추궁하는 식이 아닙니다. 스스로 참여하고 싶은 생각이 솟아나도록 분위기를 만듭니다. 그 역할을 리더가 합니다. 그래서 리더는 말하는 기술 이전에 남이 말하도록 촉진하는 기술을 먼저 익혀야 합니다.

세 번째, 많은 대화를 나누거나 남 앞에서 발표하는 것입니다. 주어진 원고에 따라서 하는 발표가 아니라 자신의 생각을 즉석에서 정리하여 발표해

보는 것입니다. 타인과의 대화를 통해 서로 다른 점을 찾아보고 의견을 설득적으로 제시하기 위해 노력하면서 합리적 판단력을 기르게 됩니다. 자기 생각을 돌아보고 설득에 필요한 요소를 찾아가는 과정에서, 이견에 대해 충분히 듣고 생각해 보는 동안에 감정을 조절하기도 하고 적극적인 자세를 보이게도 됩니다.

아직도 우리나라의 리더들은 남에게 자신의 의사를 전달하는 스킬이 부족하다는 느낌을 받습니다. 자신감이 부족하고 말하는 시간을 조절하지 못합니다. 또한 표정 관리나 유머의 활용이 어색합니다. 청중의 반응에 따라서 내용을 조정하는 것도 서툽니다. 그래서 우리나라의 리더들이 구성원들에게 길든 짧든 스피치를 하면 대개는 시큰둥한 반응입니다. 듣기가 불편하기 때문입니다. 앞쪽 뇌를 좀 더 개발하여 이런 부분도 개선했으면 좋겠습니다.

Part
· 3

리더십의 완성을 위한
세 가지
핵심 스킬

Chapter 6

리더의 커뮤니케이션 스킬

1. 리더십의 반은 소통력이다

어느 강연회에 참석한 부인이 강사의 유머가 너무 재미어 활용해 보려 했습니다. 강사가 세상에서 가장 차가운 바다는 '썰렁해'인데 가장 뜨거운 바다는 무엇이냐고 물었습니다. 모두 틀린 답을 말하자 대답하시기를 '사랑해'라고 알려 주었습니다.

이 부인이 집에 가서 남편에게 바로 써먹습니다. "여보, 세상에서 가장 차가운 바다는 '썰렁해'인데 가장 뜨거운 바다는 무엇인지 알아요?" 별로 관심이 없던 남편이 바로 대답을 못 하자 잔뜩 애교 섞인 표정을 지으며 힌트를 주었습니다. "아니, 그렇게 몰라요? 지금 당신이 나를 보면서 하고 싶은 말이 답인데요…." 그러자 남편이 큰 소리로 대답했습니다. "열바다!"

이 시대의 리더에게 왜 소통의 능력이 중요하다고 말하는 것일까요? 아니, 역사를 거슬러 올라가도 리더에게는 예외 없이 소통의 능력이 중요했습니다. 왜 그런 것일까요? 앞서 유머처럼 소통되지 않는 상황에서 과연 리더십의 발휘가 가능하겠습니까? 리더십의 구체적인 적용과 발휘의 수단은 바로 소통의 능력입니다. 통하지 않으면 관계가 형성될 수 없습니다. 관계가 형성되지 않으면 성과를 낼 수도 없게 됩니다. 그래서 소통은 인간관계와도 일치합니다.

정치에서나 기업 그리고 가정에서도 오늘날 왜 그렇게 많은 문제들이 터져 나오고 있습니까? 경제가 발전하고 인간의 기술은 한없이 발전하여 기발한 제품들이 쏟아져 나오는 데도 정작 사람들과의 소통은 점점 더 막혀가고 인간관계는 삭막해집니다. 스마트폰의 보급으로 언제나 실시간으로 상호 소통이 가능한 시대에 살고 있지만 어쩐 일인지 가족 간의 소통과 관계조차도 예전만 못한 지경에 이르렀습니다. 얼굴을 마주하고 진심으로 대화할 줄 모르는 세태가 되어 버린 느낌입니다. 이메일과 메신저, 혹은 각종 SNS 등에만 의존하여 문자로만 소통하는 데 익숙해져서 소통의 본질을 놓치고 사는 시대가 되었습니다.

시대도 스피드의 시대를 살고, 문자적인 표현도 극히 짧게 압축하여 사용하는데 익숙하다 보니 이제는 아날로그적인 대화마저도 생략과 간편함만을 추구하는 상황이 되었습니다. 제대로 의미를 전하고 받아들일 줄을 모르는 사람이 늘어난 듯합니다. 그래서 요즘 사람들의 대화를 살펴보면 너무 직선적이고 간결하여 자칫 공격적으로 비치기도 합니다. 자연히 성급하게 오해하여 상호 감정이 상하거나 갈등의 소지가 되기도 하는 것입니다. 좀 더 차분히 대화하고 조정한다면 별문제가 아닌 것도 너무 성급하게 소통하다 보니까 과격해지거나 오해로 치닫습니다.

이러한 상황에서 특별히 리더는 타인과의 관계를 원만하게 유지하고 상호 이해의 폭을 넓혀야 하는 중대한 역할을 해야 하는 위치에 있습니다. 또한 리더 자신의 의지를 오해 없이 이해할 수 있도록 설득력을 발휘하여 전달해야 성과를 낼 수 있습니다. 한 가정에서 부모가 자녀와 소통에 실패하면 그 가정은 이미 가족이라고 하기 어렵습니다. 최근의 거의 모든 가족 간의 폭력이나 강력 사건의 원인으로 가족 구성원 간의 소통 부재를 들고 있을 정도입니다.

국가의 지도자들도 국민이나 정치 파트너들과의 소통이 원만하지 못한 경우엔 대부분 혼란을 야기할 뿐 정치적 업적을 이뤄내는 경우는 드물다고 보는 것이 정설입니다. 소통에 능하지 못한 사람은 훌륭한 리더가 되지 못한다는 것입니다. 뤼궈룽은 《경영의 지혜》에서 '경영자들은 70%의 시간을 소통에 사용하고, 기업에서의 문제 가운데 70%는 소통의 장애로 발생한다'라고 했습니다. 소위 70%의 법칙인데 정말 우리가 모두 되돌아볼 문제라고 생각합니다.

일본에서 경영의 신이라고 추앙받는 마쓰시타 고노스케는 '과거의 경영은 관리가 핵심이었지만 현재와 미래의 경영은 소통이 핵심'이라고 했고, 세계적인 경영의 대가인 잭 웰치는 '경영은 소통, 소통, 또 소통이다'라고도 했습니다. 미래학자 존 나이스비트는 '미래 경쟁의 초점은 조직의 구성원과 외부 조직 간의 효율적인 소통에 있다'고 하며 소통의 중요성을 강조합니다.

리더가 소통에 미숙하다면 그것은 독재로 이어집니다. 리더의 독재는 의도가 어찌 되었든 국민을 힘들게 합니다. 사회 곳곳에서 문제가 발생하지만 눈과 귀가 가려질 가능성이 매우 높아집니다. 그래서 소통이 원활하지 못하면 마치 통풍이 되지 않아서 시간이 지남에 따라 부패하고 악취가 나는 것과 같은 일이 발생합니다. 소통은 조직과 공동체에 산소를 풍부하게 공급하는 것입니다. 그래서 소통을 '산소가 통하는 것'이라고 풀이하고 싶습니다. 산소가 통하지 않는 조직과 리더는 구성원들의 숨이 막히게 만듭니다. 그래서 어떤 리더는 별로 말도 많이 하지 않지만 그 리더만 합류하면 직원들이 활력을 띠고 힘이 나게 합니다. 이런 리더는 제대로 소통하는 것입니다. 반면에 온종일 미팅하면서 시종일관 리더가 말을 쏟아 냈지만 막상 그 리더만 회의실을 나가고 나면 그제야 직원들이 숨을 쉬는 일이 있습니다. 아무리 많은 말을 했어도 전혀 소통하지 못했다는 것입니다. 소통을 잘하는 것은 말을 많이 하는 것이 아닙니다. 상대방에게 산소가 통하게 만들어 주는 것입니다. 숨통을 틔워주지 않으면 결국, 질식하거나 뛰쳐나갈 수 밖에 없습니다.

산소가
통한다!

〈소통의 의미〉

그런데 이런 소통을 단순히 말하기 스킬이나 웅변 스킬 정도로만 알고 있는 경우가 많습니다. 이것이 소통을 가로막는 장애가 됩니다. 기업에서도 커뮤니케이션 과목을 강의할 때 대부분 남에게 말 잘하는 법을 중심으로 관심을 갖습니다. 리더들도 단지 말하기에 대한 내용으로 인식하기 때문에 자신들은 말하기엔 별문제가 없다고 생각하고, 그래서 소통을 잘하고 있다고 착각하는 것입니다. 가정에서 부모님들도 마찬가지입니다. 자녀들에게 할 말을 잘하고 있으면 그것이 소통이라고 착각합니다. 교회에서 목회자들도 그렇습니다. 평소에 늘 설교를 통해서, 혹은 심방 등을 통해서 여러 가지 말을 전하고 있으므로 성도들과 소통을 잘하고 있다고 착각하는 일이 많습니다.

소통은 자신이 주체가 되어 일방적으로 말하는 것을 의미하지 않습니다. 이 사실을 먼저 깨닫는 것부터 소통하는 길로 들어서는 것입니다. 초나라 때 대표적인 사상가인 노자(老子)는 소통을 '상호 간의 이해'로 규정했습니다. 즉 단순히 자신이 이해하는 것이 아니라 서로 이해하는 것이 소통이라는 것입니다. 이해단계(understanding)에서 상호이해(mutual understanding)단계로 발전해야 제대로 소통하는 것이라고 주장합니다. 이것은 매우 중요한 관점의 변화입니다. 대개는 자신이 이해하면 된다고 생각합니다. 그리고 자신이 이해했으면 상대도 이해했을 것으로 기대합니다. 그러나 상호 이해하기 전에는 단지 자신이 이해했다고 통할 수 있는 것은 아닙니다. 바로 상호 이해를 위해서는 상대방에 대한 배려와 존중이 필요합니다.

상대에 대한 진정한 배려와 존중이 바탕에 깔리지 않으면 소통이라고 할 수 없습니다. 많은 사람들이 단지 자신이 이해하고 말하면 다 소통이라고 착각합니다. 이 시대가 말은 많은데 소통이 안 되는 이유가 여기에 있습니다. 소통이 안 되는 이유를 주로 상대방에게서 찾기도 합니다. 흔히 상대방이 답답해서 소통이 안 된다 합니다. 자신의 말을 못 알아듣는다고 원망합니다. 하지만 정작 돌아볼 것은 자신이 상대방을 얼마나 이해하고 배려했느냐입니다.

　노자는 소통을 3단계로 설명합니다. 첫째는 인지(認知)의 단계입니다. 상대방과의 차이를 아는 것이 중요하다는 것입니다. 다름(different)과 틀림(wrong)은 다르다는 사실을 잊지 말아야 합니다. 21세기는 분명히 다양성의 시대입니다. 문화적, 종교적으로도 소통하고 교류하는 시대입니다. 글로벌 시대란 단지 물리적인 국경이 사라진 것만을 뜻하지는 않습니다. 같은 부서에도 다양한 문화와 사상이 공존합니다. 그런데 자신과 다른 상대방을 이해하고 배려하지 않는다면 소통이 아니라 고통이 되고 맙니다. 나라마다 식사 습관이 다르고 사람마다 성별에 따라 취향이 다릅니다. 그런데 자신의 기준으로 상대방을 판단하고 주장한다면 일이 잘될 리가 없고 관계가 좋아질 리가 없습니다.

　두 번째, 실천(實踐)의 단계입니다. 소통이란 상대방이 원하는 바, 바라는 것이 무엇인지를 정확히 파악하고 실천해야 한다는 것입니다. 다음은 장자(莊子)의 '지락편(至樂篇)'에 나오는 우화입니다.

　노나라 임금이 바닷새를 좋아하여 새를 궁으로 데려와 극진히 대접했습니다. 술과 소, 돼지고기를 대접하고 음악을 들려주었습니다. 하지만 새는 아무것도 먹지 않고 슬퍼하다가 죽고 말았다는 것입니다. 새를 정말로 위한다면 새가 원하는 것을 주면서 길러야지 사람이 좋아하는 것을 주면 소용이 없다는 것입니다.

　어느 기업이나 고객만족을 부르짖고 고객과의 소통을 강조합니다. 그런데 자세히 보면 누구를 위한 고객만족인지, 무엇이 고객과의 소통인지 모를 때가 많습니다. 언론에까지 대서특필하여 고객만족 경영을 부르짖는 기업의 A/S센터에 가보면 규정만 운운하며 대안을 제시하지 않기도 합니다.

고객은 단지 담당 직원의 애교 섞인 말투를 기대하는 것이 아닙니다. 멋지고 예쁜 유니폼을 입고 허리를 90도로 꺾으며 인사하는 것을 바라는 것이 아닙니다. 보다 신속하게 수리가 되길 기대하고 대기 시간을 짧게 해주길 더 원하는 것인데도 그것을 모릅니다. 그러고도 자기 회사는 고객과 소통하고 있다고 떠들어 댑니다. 소통의 진정한 의미를 모르기 때문입니다.

세 번째, '변화(變化)'의 단계입니다. 기존의 일방적인 소통은 자신을 소통의 주체로 놓고 시작합니다만 진정한 소통은 상대방도 소통의 주체에 영향을 주는 강력한 존재임을 알고, 또한 자신의 고집과 편견을 버릴 수 있는 변화가 필요하다는 것입니다. 그래야 조직에서의 권위적인 상명하복식 소통이 변화됩니다. 리더는 단지 자신이 모든 것을 더 잘하고 권한이 있기 때문에 지시하고 전달하는 것이 당연하다고 생각하는 오류에서 벗어나야 합니다.

조직에서 리더가 이런 변화의 인식이 없거나 노력하지 않는 경우에는 그 조직의 소통은 막히게 됩니다. 그래서 조직 분위기가 답답하고 경직되

〈노자가 제시한 소통의 3단계〉

며 복지부동하는 일이 많습니다. 소위 '나만 아니면 된다'는 사고가 팽배해져 팀워크가 생기지 않습니다. 자연히 생산성도 떨어지고 경쟁력을 잃게 됩니다.

이제 소통하는 리더는 소통에 대한 인식부터 바꾸어야 합니다. 소통은 자신이 유창하게 말하는 것, 많이 말하는 것이 아니라는 것부터 깨닫는 것이 중요합니다. 소통에는 진정성이 필요합니다. 특히 리더의 소통은 리더의 구성원에 대한 존중과 배려가 더욱 중요한 요소임을 알아야 합니다. 리더니까 자신이 더 잘나고 우수하다는 생각도 버려야 합니다. 말할 권리가 자신에게 있다고도 생각하지 말아야 합니다. 자신과 다른 의견이라고 기분 나쁘게 여겨서도 안 됩니다. 그래야 조직에 활력이 돌고 생산성이 올라갑니다.

세계적으로도 유명하지만, 미국에서 가장 일하고 싶은 기업 상위에 항상 오르는 구글은 모든 근무 환경이 직원의 행복을 위해서 설계되었다고 합니다. 직원이 행복하면 당연히 고객의 행복도 만들 수 있기 때문이라는 철학에서입니다. 회사의 카페테리아에는 웬만한 마트 정도의 최고급 음식들이 항상 준비되어 직원들은 어제든지 무료로 먹을 수 있고, 소형 풀장도 있어서 누구나 이용할 수 있으며 회사 내에서 이동을 킥보드로 할 정도로 넓고 여유로운 공간에 출퇴근의 제약이 없어 아무 때나 출근하고 퇴근합니다. 결과만 내면 되니까요.

게다가 직원들이 피로를 풀 수 있는 마사지 프로그램과 자기개발 비용 지원, 육아에 관한 지원 등 일하기엔 최고의 조건을 두루 갖추었습니다. 여기에 가장 중요한 것은 수평적인 소통 문화입니다. 직급 대신에 서로 이름을 부르고 있으며, 직급이 아니라 아이디어 자체의 가치로 평가하는 문화입니다. 정규직원이면 누구나 회사의 모든 정보를 볼 수 있게 한 투명성도 독특합니다. 결국, 첨단 복지제도보다 소통의 문화가 직원들을 열광하게 만든다는 것입니다. 이것이 오늘날 세계 최고의 기업을 만든 진짜 원동력입니다.

우리나라에도 이에 못지않은 유연하고 원활한 소통의 기업 문화를 만들어 가는 기업이 늘어나는 반가운 현상이 있습니다. 하지만 아직 대부분의 기업문화는 소통의 관점에서 보면 한참 멀었습니다. 우리 기업들은 회의문화만 보더라도 여전히 회의 시간은 참으로 회의적인 시간인 경우가 많습니다. 언제나 결론은 리더의 의지대로 끝납니다. 분위기는 입사 면접 분위기처럼 긴장됩니다. 잘못된 발언이라도 하면 그 발언에 대해 본인이 책임을 져야 합니다. 그래서 중간만 가자는 식으로 입을 다물고 고개를 숙입니다. 애꿎은 다이어리에 회의 마치고 만날 고객과의 일을 끄적이거나 낙서하며 때우는 이들이 적지 않습니다.

어느 날 갑자기 부서장이나 담당 임원이 소통을 강조하며 회식자리를 마련합니다. 하지만 그 자리는 팀원들에게는 고역의 시간이 되거나 윗사람에게 아부하고 눈도장 찍는 자리로 전락하기 쉽습니다. 회식 장소의 결정부터 전혀 소통이 안 됩니다. 단지 리더가 선호하는 메뉴와 장소로 정할 뿐입니다. 회식 자리는 소통의 자리가 아니라 리더의 직장과 인생의 무용담을 듣고 철 지난 유머에 억지로 박장대소하는 또 하나의 노동의 자리가 됩니다. 회식에 관한 일화 가운데 직원들의 소원 하나가 무엇인가에 관한 얘기가 있습니다. 그것은 바로 메뉴 선택권을 달라는 것이었습니다. 이것이 우리 기업의 회식 문화의 단면입니다. 그런데도 많은 리더들이 회식 한 번 하고 나서 마치 엄청난 소통의 자리를 마련한 것처럼 착각합니다.

오죽하면 회식자리에서 팀장의 유머에도 전혀 웃지 않는 한 말단 직원에게 "왜 안 웃느냐?"고 물었더니 자기는 오늘 사표를 냈기 때문에 웃지 않아도 된다고 했겠습니까? 몇 시간이고 이어지는 상사의 반복되는 이야기, 벌써 몇 번째 들었는지도 모르는 레퍼토리에 그저 시계만 쳐다볼 따름입니다. 그래서 '사람은 나이를 먹으면서 입은 닫고 지갑을 열어야 사랑받는다'는 말이 있게 된 것인지도 모릅니다. 직장인이 승진해서 연봉 많이 오르게 되었다는 말보다 더 반가운 말이 있습니다. 그것은 바로 "내일부터 팀장님이 3일간 출장 가신대…"입니다. 아빠가 며칠 출장 간다고 그 집 아이들 표정이 밝아진다면 그 아빠의 소통 능력은 바로 답이 나옵니다. 사실 제가 몇 년 전까지 그랬던 사람입니다. 소통을 못 했던 것이지요.

과거의 리더십은 지시와 관리 위주였습니다. 그래서 자연히 리더가 일방적으로 말을 많이 하는 구조였습니다. 전형적인 톱다운(top-down) 방식으로 업무 위주의 주제를 다루는 상황이었습니다. 그런데 현재의 리더십은 소통과 동기부여입니다. 자발성을 이끌어내는 것이 핵심입니다. 이미 언급했듯이 리더십은 하드 파워가 아니라 소프트 파워를 통해 구성원의 마음을 여는 능력입니다. 그러니 소통의 형태가 쌍방향의 수평적인 모습으로 변했습니다. 소통에도 구성원의 참여를 촉진해야 합니다. 그러니 자연히 경청의 중요성이 부각됩니다. 지시 감독적인 리더십에서 자발적인 참여의 리더십으로 변함에 따라 소통의 형식과 자세가 달라져야 합니다.

소통이란 리더십의 구체적인 발휘 수단입니다. 그렇다면 리더십에 대한 변화를 올바로 인식하면서 소통에 대한 자세도 바꿀 필요가 있습니다. 소통에서 소(疏)란 '막히지 않고 트였다'는 것입니다. 통(通)이란 '통하여 흐른다'는 것입니다. 상대방과의 사이에 막힘이 없도록 하는 전제가 있어야 소통할 수 있습니다. 마음의 벽이나 불편함, 혹은 편견 등이 가로막고 있으면 소통할 수 없습니다.

소통은 관계입니다. 그런데 바로 이 관계가 행복을 만듭니다. 그래서 소통하면 풀어지고 행복해지는 것입니다. 그런 조직이나 공동체를 만들어 가는 리더가 되어야 합니다. 커뮤니케이션이라는 단어의 어원인 커뮤니스(communis)는 '함께 나누다' '공통되다' 등의 뜻을 가지고 있습니다. 그래서 공동체를 커뮤니티(community)라고 하게 되었습니다. 이제 훌륭한 리더가 되려면 소통의 본질적인 배경과 의미를 놓치지 말아야 합니다. 단순히 말하기의 커뮤니케이션이 아니라 상대방과 진정으로 함께 나누고 공유하는 것을 소통이라고 재정의하는 것입니다. 그 첫걸음은 상호 이해를 위한 배려와 존중이라는 사실을 가슴에 새겨야 합니다.

2. 이것이 소통을 위해 반드시 필요한 자질이다

규모의 크기에 상관없이 어느 조직이나 조직력이 뒷받침되지 못하면 경쟁력을 잃게 됩니다. 조직력은 구성원간의 신뢰를 바탕으로 생기는 것인데 신뢰의 분위기를 만들기 위해서는 소통이 필수적입니다. 상호 간의 소통이 없이는 이해와 협력을 할 수 없고, 따라서 신뢰가 구축되지 못하기 때문입니다. 특히 구성원과 리더 사이의 소통은 이런 조직력이 근간이므로 매우 민감하고 중요하다고 할 수 있습니다. 조직의 구성원과의 소통의 책임은 일차적으로 리더에게 있습니다. 그것이 리더십이기 때문입니다.

2010년, 남아공 월드컵의 이변 몇 가지가 바로 이러한 조직의 소통과 리더십의 문제를 잘 말해줍니다. 가장 큰 이변이라면 역시 직전 대회의 준우승국인 프랑스의 16강 탈락을 들 수 있습니다. 유럽 축구 강국의 대명사이자 누가 뭐래도 강력한 우승 후보였던 프랑스가 16강에서 탈락한 것입니다. 역대 월드컵 우승국 가운데 가장 먼저 탈락한 것으로 전 세계에 커다란 쟁점이 되었습니다. 그런데 그 부진의 이유는 다름 아닌 선수와 감독의 불화입니다.

선수가 감독을 비난하고 감독이 선수를 불신하는 사태가 되자 이에 동조하는 선수들이 나오게 되고 자연히 팀의 결속력은 무너진 것입니다. 이 여파로 선수들의 훈련 불참과 축구 협회의 징계 등 '막장 프랑스'라는 말까지 듣게 되었습니다. 심지어 프랑스 대표 팀 감독은 국회 청문회까지 불려가는 수모를 겪었습니다. 아무리 개인적인 실력이 뛰어난 선수들이 있다고 해도 조직의 신뢰가 무너지면 아무런 소용이 없습니다. 그래서 단체전은 개인전과는 전혀 다릅니다.

이와 비슷한 이변으로 잉글랜드의 부진과 직전 대회 우승국인 이탈리아의 2라운드 진출 좌절을 들 수 있습니다. 축구의 종가로 자처하는 잉글랜드도 선수 간의 불륜 사건과 감독과의 불화로 일찌감치 팀워크가 흔들렸고, 직전 대회의 우승국인 이탈리아도 선수의 감독 능력에 대한 비난과 감독의 부적절한 응대로 인해 제대로 팀의 실력을 펼칠 수가 없었습니다. 그 결과 첫 월드컵 출전국인 슬로바키아에 3:2로 패하면서 16강 진출에 실패하고 모두가 좌절하였습니다. 50년 만의 16강 탈락이었습니다.

이에 비해 비교적 객관적인 전력이 약하다고 분류되는 우리나라나 미국 등은 16강에 진출하였습니다. 전통적으로 미국은 축구에서는 약체에 해당합니다. 우리나라도 원정 월드컵에서 16강에 진출하기는 남아공 월드컵이

처음입니다. 어떻게 이런 변화가 일어난 것일까요? 객관적인 전력에 못지않게 팀의 결속력과 조직력이 크게 영향을 주었던 것입니다. 조직력이 강해지면 시너지 효과가 납니다. 시스템적인 에너지가 나온다는 것입니다.

리더가 조직의 소통을 원활하게 유도하여 조직의 성과를 내지 못한다면 리더의 책임을 다하지 못하는 것입니다. 소통을 위해서 구성원과의 신뢰를 쌓고 배려하면서 존중하는 모습을 보여주고 또 서로 배우도록 이끌어야 합니다. 말을 통해서만이 아니라 마음으로 소통해야 합니다. 실력은 그다음입니다. 소통하지 못하는 팀은 이길 수가 없습니다. 구성원들이 서로 신뢰하지 못하고 소통하지 못하는 조직은 가정이나 교회라 하더라도 존재의 목적을 달성할 수 없게 됩니다. 그래서 리더는 시간의 70%를 소통하는 데 사용한다는 자료도 나오지 않았겠습니까?

큰 인기를 끌었던 세종대왕의 한글 창제에 관한 드라마가 있었습니다. 드라마 속의 이야기가 아니더라도 우리가 역사적으로 가장 위대한 리더로 손에 꼽을 수 있는 세종대왕의 백성을 사랑하고 위하는 모습은 익히 잘 알려졌습니다. 세종대왕의 리더십이 시대를 초월하여 주목받는 이유는 그가 통 큰 소통의 정치를 했기 때문이 아닐까 생각합니다. 세종대왕은 자신에게 반대하는 신하들을 물리치지 않고 끈기 있게 소통하는 노력을 보여주었습니다.

박현모 교수의 《세종처럼》을 보면 〈세종실록〉에서 세종대왕은 '임금의 직책은 하늘을 대신하여 만물을 다스리는 것이다. 만물이 자기 자리를 찾지 못하면 대단히 상심할 텐데 하물며 사람의 경우 어떠하랴. 진실로 차별 없이 만물을 다스려야 할 임금이 어찌 양민과 천인을 구별해서 다스릴 수 있겠는가'라는 말이 나옵니다. 이 얼마나 백성을 진정으로 위하는 리더의 자세입니까? 이런 자세가 있었기 때문에 소통의 정치가 가능했던 것입니다. 한글을 창제한 이유도 바로 이런 배경에서 온 백성과 소통하는 국가를 건설하고자 했던 통치관과 리더십임을 알 수 있습니다.

세종대왕의 소통 방식은 독특한 화법에서 잘 나타난다고 합니다. 대개 자신과 다른 의견을 말하거나 반대하는 신하를 엄하게 내치지 않고 일단은 '그 뜻이 좋다, 네 말이 아름답다'라면서 수용했다고 합니다. 그리고는 자신의 주장을 설명하였습니다. 그때도 언성을 높이거나 화를 내지 않고 예리하게 상대의 논리를 파고들면서 설득했다는 것입니다. 바로 소통의 본질을 보여줍니다.

요즘 말하는 소위 '그래, 하지만(yes, but)' 화법을 구사한 것입니다. 즉, 우선은 상대방의 의견을 충분히 듣고 받아줍니다. 자신의 의견을 뒤이어서 제시합니다. 상대방의 말을 잘 들어주고 나서 자신의 의견을 말하면 상대방도 일단은 듣게 되어 있습니다. 그러니 감정이 상하지 않고도 대화가 가능한 것입니다. 《세종실록》에 태종 94회, 영조 135회의 '노하다'라는 표현이 나오는 데 비해서 세종의 경우는 16회밖에 나오지 않는 것을 보면 확실히 소통의 원리를 체득한 것으로 보입니다. 그러니 주변에 충심을 가진 자들도 많은 법입니다.

제대로 소통하는 리더의 주변에는 사람이 모이기 마련입니다. 역으로 말해서 주변에 진심으로 따르는 사람이 적다면 그는 리더십에 문제가 있다고 보아도 과언이 아닙니다. 세종대왕의 소통은 흔히 '3통'으로 말합니다. 먼저 마음이 통한다는 '심통(心通)'입니다. 자주 어울리고 만나는 것입니다.

그다음은 '언통(言通)'입니다. 그 유명한 경연이라는 장치를 통해서 지속적으로 신하들과 토론하고 대화한 것입니다. 마지막으로 '사통(事通)'입니다. 일이 되도록 하기 위해서는 상대의 말을 충분히 듣는 것이 중요합니다. 설령 미흡한 부분이 있는 내용이라도 끝까지 듣고 자신의 의견을 말하는 것입니다. 미리 결론을 내려놓고 강압적으로 압박하는 것이 아니라 오해의 소지를 없애가면서 대화하고 경청합니다. 이런 존중의 자세를 통해 일이 되도록 노력했던 것입니다.

예전에 〈남자의 자격〉이라는 TV 프로그램에서 노래를 좋아하는 무명의 사람들을 모아서 감동의 화음을 만들어서 화제가 되었던 박칼린이라는 음악 감독의 리더십이 뜨겁게 회자된 적이 있습니다. 3개월간의 비교적 짧은 기간에 전혀 실력과 기본이 다른 30여 명의 단원을 모아서 전국 합창대회에 나갔고, 장려상을 받으며 막을 내렸습니다. 하지만 그 연습과정에서 단원들을 이끌어가는 모습에 많은 사람들이 감동하고 눈물을 흘렸습니다. 그때 박칼린 감독의 리더십 요소를 분석하면 '배려와 소통, 신뢰'를 들 수 있습니다. 합창단원 한 사람 한 사람의 특성을 파악하여 상황에 맞추어 강약을 조절하면서 이끌었습니다. 그 바탕에는 모든 단원에 대한 배려가 있었습니다. 끊임없이 소통하면서 자신의 의도를 알리려고 노력했고, 단원들도 감독을 신뢰하기 시작하면서 분위기와 실력에 변화가 오기 시작했던 것입니다. 이것이 조직을 이끄는 리더의 진정한 모습입니다.

그런데 그 후에 〈남자의 자격〉 시즌2에서 또 한 명의 멋지고 행복한 리더를 발견했습니다. 유명한 밴드 그룹인 부활의 리더, 김태원이라는 초보 지휘자가 바로 그 주인공입니다. 사실 그는 우리나라 록 음악의 대표 인물이고 최고의 기타리스트입니다. 그의 삶은 방송과 최근의 저서인 《우연에서

기적으로〉에서 잘 알려진 대로 참으로 굴곡 많은 삶을 살았습니다. 언더그라운드 음악인으로 오랜 시간을 보냈고, 음악 활동과 생활고 사이의 갈등과 고난, 마음의 병을 앓고 있어 지금까지 한 번도 자신과 대화를 나눠보지 못한 13살 아들에 대한 아픔, 대마초와 마약의 상흔, 국민 할매로 세상에 나와서 팬들의 사랑을 받게 된 일 등 정말로 영화 같은 삶을 살았습니다.

그런 김태원 씨가 〈청춘 합창단〉의 지휘자로 온 국민의 가슴을 여러 번 울렸습니다. 아시다시피 〈청춘 합창단〉은 '젊은 시절, 노래에 대한 못다 이룬 꿈을 이제라도 도전해 보고 싶다'는 전국의 사연 많은 제2의 청춘들이 오디션으로 선발되어 전국합창대회에 출전하는 과정을 보여준 예능 프로그램입니다. 평균 연령이 62세가 넘고 최고령 참가자는 84세였던 만큼 정말로 일반적이지 않은 합창단이었습니다. 최고의 대학에서 성악을 전공했지만 시골에서 벌을 치며 살고 있던 분, 세계적인 호텔 체인의 CEO, 학교 음악교사, 암을 이겨낸 유명한 베테랑 연극배우, 평범한 가정주부, 스타 플레이어 출신의 농구 감독 등 참으로 다양한 사연을 가진 분들이었습니다.

과연 이분들이 짧은 시간에 전국대회에 출전하여 좋은 성적을 낼 수 있을지 궁금하기도 했고 기대 반 걱정 반이었습니다. 미션 곡은 김태원 씨가 만든 〈사랑이라는 이름을 더하여〉라는 것이었습니다. 단원들의 나이와 사연 많은 삶들을 생각하면 참 잘 어울리는 곡입니다. 가사 일부를 보면 다음과 같습니다.

'삶이란 지평선은 끝이 보이는 듯해도 가까이 가면 갈수록 끝이 없이 이어지고 저 바람에 실려 가듯 또 계절이 흘러가고 눈사람이 녹은 자리 코스모스가 피었네 그리움이란 그리움이라는 이름에 사랑이라는 이름을 더하여 서로를 간직하며 영원히 기억하며 살아가고 있는 거기에 바람에 실려 가듯 또 계절이 흘러가고 눈사람이 녹은 자리 코스모스가 피었네…'

가슴 조이며 예선을 통과했고 본선에서는 자녀 세대를 지나서 심지어 손자 손녀뻘 되는 아이돌 그룹의 댄스곡을 준비하여 최종 은상을 거머쥐는 놀라움과 감동의 드라마를 보여주었습니다. 이 과정을 모두 지휘하여 마무리까지 한 것은 바로 김태원 씨였습니다. 저는 그간의 과정을 보면서 그의 리더십에 감탄하였습니다. 리더십의 정말 귀한 부분을 발견하였기 때문입니다. 그것은 가슴으로 구성원들과 소통하는 능력입니다. 아무리 실력이 있어도 이런 가슴의 소통이 없으면 구성원의 마음을 얻지는 못할 것입니다.

단원들이 기대만큼 따라오지 못할 때에도 그는 격려를 잊지 않습니다. 단원들이 정말 깨달아야 하는 점을 명확하게 짚어줍니다. 자신의 나이 듦에 따라 예전 같지 않은 실력에 좌절감과 동료들에 대한 부담감이 엄습할 때에도 팀워크란 무엇인지를 생각하게 합니다. 다시 도전할 힘을 넣어줍니다. 힘든 연습 일정 가운데에도 지치고 힘들지 않도록 유머를 잃지 않습니다. 단원들과 함께 인생과 추억을 이야기하고, 꿈과 음악을 이야기합니다. 이런 과정을 통해서 모두가 하나가 됩니다.

〈청춘 합창단〉은 바로 그 힘으로 해낸 것입니다. 김태원이라는 리더의 굴곡 많고 드라마 같았던 삶의 경험이 오히려 이런 다양한 상황들을 헤쳐 갈 수 있게 했다고 생각합니다. 단원 누구라도 느낄 수 있는 그의 진심을 제대로 전달하였던 것입니다. 그것이 리더십입니다. 리더의 소통이란 이런 진정성을 보여야 합니다. 리더의 신뢰는 이렇게 전달되는 것입니다. 신뢰가 바탕이 되고 구성원들과 소통되는 조직은 놀라운 힘이 있습니다. 실력만으로는 도저히 따라갈 수 없는 힘이 생기는 것입니다. 이런 파워를 만들어 내는 리더가 이 시대에는 절실히 필요합니다. 그런 리더가 구성원들에게 행복한 비전을 줄 수 있기 때문입니다.

〈소통의 조건〉

리더의 소통은 멋진 연설 솜씨가 아니며 극적인 연출로 되는 것도 아닙니다. 리더와 구성원의 마음의 교통입니다. 막힌 담을 없애고 진정으로 구성원을 사랑하는 마음으로 통하는 것이 소통입니다. 결국, 소통에서 가장 중요한 것은 상대방과의 막힘이 없는 열린 관계를 만드는 것이지요. 관계가 막혀 있고 답답함이 가득한데 성과가 나온다는 것은 말이 안 됩니다. 그래서 리더에게는 소통의 역량이 중요합니다. 이런 리더가 가정에서, 사회에서, 기업에서 나와야 합니다. 우리가 먼저 그런 리더십을 익히고 실천해야 합니다.

3. 리더는 설득의 달인이 되어야 한다

'어머님 날 낳으시고 원장님 날 만드셨네!'
이게 무슨 말인지 아시겠습니까? 어머니가 낳았는데 다시 원장님이 만

166

들었다니요? 그런데 요즘 세태를 보면 이 말이 일리가 있음을 알게 됩니다. 바로 어느 성형외과의 홍보 문구입니다. 말이란 어떻게 표현하느냐에 따라서 그 설득력의 크기가 완전히 달라집니다. 리더의 고민 가운데 빼놓을 수 없는 것이 어떻게 구성원들을 설득하여 목표에 도달할 수 있느냐 입니다. 유명 기업의 CEO가 되었든, 학교의 교장이 되었든 아니면 사회단체의 단체장이든 이 고민은 아마도 공통적일 것입니다.

리더로서 구성원에게 자신 있고 설득력 있게 의사를 전달하지 못한다면 리더의 역할을 제대로 해낼 수가 없게 됩니다. 한 가정의 부모로서 자녀에게 무슨 말을 하던 설득력이 없다면 어떻게 그 가정을 행복하게 이끌 수가 있겠습니까? 그런데 이런 리더의 설득력은 말솜씨가 중요한 것이 아닙니다. 사람은 아무리 말솜씨가 좋고 내용이 논리적이라 해도 절대 그것만으로 설득되지는 않는 존재입니다. 사람에게는 감정이 있습니다. 이 감정은 설득에서 논리보다 더 큰 영향을 줍니다. 그래서 사람이 하는 일인데 안 되는 일이 어디 있느냐고 할 때는 바로 이런 감정적인 부분을 염두에 둔 것입니다. 이론적으로는 안 되어야 할 일도 되는 경우가 있는 것은 그 사람의 감정이 어땠느냐에 따라 달라지기 때문입니다.

설득(說得)이란 '말(說)로써 무엇인가를 얻는다(得)'는 의미입니다. 그런데 여기에서 무슨 말을 하느냐도 중요하지만, 더 중요한 것이 있습니다. 그것은 그 말을 어떻게 하느냐입니다. 즉, 무엇을(what)이 아니라 어떻게(how)가 더 중요하다는 것입니다. 아무리 논리적이고 옳은 말이라도 표현의 방법이나 태도가 잘못되면 상대방은 결코 그 말을 받아들이지 않는 법입니다. 그런데 우리는 자신의 말에 잘못이 없다는 것만 강조하고 왜 받아들이지 않느냐며 원망하고 따집니다. "내 말이 틀렸어? 내가 없는 말을 했어?"

〈설득의 원리〉

하고 따집니다. 하지만 상대방은 아무리 옳은 말이라도 감정이 거슬리면 받아들일 수가 없는 것임을 알아야 합니다.

요즘 기업체나 대학교에서 소통에 대한 특강을 요청받으면 제가 힘주어 강의하는 부분이 바로 이것입니다. 많은 분들이 너무나 똑똑하고 자신이 있는 나머지 자신의 말이 무엇이 잘못되어 상대방이 기분이 나쁘거나 동의하지 않는지를 모릅니다. 그런 신경을 아예 쓰지 않는 경우도 있습니다. '자신의 의사만 분명히 표현하고 전달했으면 문제없다'는 식의 소통에 대한 의식을 가지고 있으므로 조직이나 공동체에서 갈등이 발생하는 것입니다.

이제부터는 자신의 말 자체보다도 표현의 방법과 타이밍, 표정과 자세를 함께 살펴가면서 의사를 표현하시기 바랍니다. 상대방의 감정과 정서를 맞추지 못하면 설득은 불가능하기 때문입니다. 이것은 리더에게 매우 중요한 일입니다. 흔히 리더들은 자신의 소통 방법이 아무 문제가 없다고 착각하는 경우가 많습니다. 하지만 구성원들의 처지에서 보면 전혀 공감하지 못하는 경우가 있습니다. 공감이 안 되는데 어떻게 설득이 되겠습니까? 공감도 설득도 안 되었으니 일이 제대로 될 리가 없습니다. 조직의 분위기와 상호 관계는 어정쩡할 뿐입니다. 이것은 일단 리더의 책임입니다. 올바로 소통하지 못하는 리더가 변하지 않으면 조직이 변하지 않습니다. 구성원만 다그쳐서 될 일이 아님을 리더부터 깨달아야 합니다.

기부 천사로 유명한 가수 김장훈 씨가 언젠가 개인 콘서트를 준비하면서 겪은 일입니다. 어릴 적 꿈이 과학자였던 김장훈 씨가 어느 날 신문에 이공계 기피현상에 대한 기사나 난 것을 보고 공연의 콘셉트를 '대한민국 7대 성장 동력에 대한 보고서'라고 했답니다. 소위 이공계의 중요성을 인식시키고 활력을 불어넣어 보자는 의도를 가지고 나노, 바이오, 로봇 등을 공연에 투입하기로 계획하였습니다. 그런데 다른 것은 모두 준비가 되겠는데 로봇이 걸렸습니다. 그래서 고민하던 중 카이스트에서 국책사업으로 개발한 대한민국의 자랑인 휴보 로봇을 공연에 투입하면 좋겠다는 생각이 들었습니다.

먼저 카이스트로 찾아가서 개발 책임자였던 박사님을 만나서 취지를 설명하고 도움을 청했지만 그 연구에 투입되었던 많은 박사 연구원들의 동의가 있어야지 단독으로는 결정 못 한다고 거절당했습니다. 그러자 다시 카이스트를 찾은 김장훈 씨가 박사 연구원들과 삼겹살을 먹으면서 우리나라 이공계의 현실을 함께 고민하고, 그래서 이번 콘서트를 통해서 국민들의 인식을 바꾸려고 한다고 설명했습니다. 허심탄회하게 친분을 쌓으면서 대화한 결과, 그들의 전적인 공감대를 끌어냈고 동의를 얻었습니다.

그런데 이번에는 또 다른 장애물이 나타났습니다. 카이스트 단독으로 결정할 수는 없고 산업자원부의 협조가 있어야 한다는 것이었습니다. 그래서 이번에는 산자부의 담당자를 찾아가서 다시 콘서트의 목적과 휴보 로봇의 필요성을 설명하고 이공계의 지원을 위한 것임을 설명했습니다. 드디어 담당자의 마음을 움직여서 그 유명한 휴보 로봇이 김장훈 씨의 콘서트에 출연하게 된 것입니다.

김장훈 씨의 설득 과정을 살펴보면 바로 논리와 감정의 절묘한 조화를 찾아볼 수 있습니다. 아무리 논리적으로 맞는 말이라고 해도 규정이라는 틀 안에서 움직이는 공무원을 설득하여 개인의 상업적인 콘서트에 국책사업의 일환인 휴보 로봇을 참여시킨다는 것은 불가능한 일이었을 것입니다. 하지만 관련자들을 찾아가서 마음을 열고 그들에게도 결정할 수 있는 명분을 제시하면서 설득한 김장훈 씨의 설득력은 대단히 훌륭합니다.

여기에는 소위 상호성의 법칙과 호감의 법칙이 작용하기도 했습니다. 그는 콘서트에 휴보 로봇을 참여시키는 대신에 콘서트의 수익금과 이공계 발전에 대한 이미지를 제공하는 것으로 서로의 이익을 주고받을 수 있었던 것입니다. 또한, 유명 가수가 직접 찾아가서 자주 대면하고 밥을 먹는 등의 노력을 통해 진솔한 인간관계를 만들었던 것이 주효했습니다. 이런 설득의 원리는 리더가 구성원에게도 적용할 필요가 있습니다. 구성원들의 감정을 제대로 터치하여 공감할 수 있도록 만드는 소통력은 단지 말재주만으로는 불가능합니다.

2009년 1월, 뉴욕의 허드슨 강에 US 에어웨이 1549편이 비상 착륙했던 사건이 있습니다. 당시 승객과 승무원 152명 전원이 무사히 구조되어 '허드슨 강의 기적'이라고 불리기도 했습니다. 그때 기장인 슐렌버거의 노련한 대응도 찬사를 받을 일이었지만 무엇보다도 전 승무원의 침착하고 일사불란한 대피 안내가 큰 역할을 했다는 평가입니다. 그들은 시종 침착성을 잃지 않고 고개를 숙이고 바닥에 엎드릴 것을 반복해서 외쳤다고 합니다.

이렇듯 반복적이고 구체적인 안내는 우리의 조직에서도 똑같이 효과를 볼 수 있습니다. 구성원들을 설득하기 위한 리더의 노력은 종종 상대방과 눈높이가 맞지 않는 설명이나 지시 때문에 설득은커녕 혼란을 일으키기도 합니다. 설득력이 있는 리더는 구성원들에게 누구나 이해하기 쉽고 구체적인 표현을 사용합니다. 너무나 전문적이고 모호한 표현을 즐겨 사용하는 리더는 보스일 뿐 리더는 아닙니다. 전문가인 척 자신의 지식을 드러내려는 리더는 이미 조직을 설득적으로 이끌어 갈 능력이 없는 것입니다. 훌륭한 리더는 불필요한 형식이나 복잡함을 최대한 배제하고 간단명료하게 표현합니다. "고개를 숙이고 바닥에 엎드리세요."처럼 말입니다.

힐튼 호텔의 창업자인 콘래드 힐튼이 NBC 방송의 〈투나잇 쇼〉에 출연했을 때의 일화입니다. 진행자는 세계적인 호텔 체인의 회장님께 수많은 시청자들에게 바라는 것이 있다면 한 가지 말하라고 요청했답니다. 그러자 힐튼은 카메라를 바라보면서 다음과 같이 짧게 말했다고 합니다.

"여러분, 제발 샤워 커튼은 욕조 안에다 집어넣고 사용해 주세요."

호텔에서 샤워 커튼을 사용해 본 분이라면 무슨 의미인지 실감이 날 것입니다. 이보다 더 간단명료한 부탁이 어디 있겠습니까? 괜히 폼잡고 어려운 용어를 써가면서 거들먹거리는 표현을 했다면 아무도 그의 말을 기억하지 않을 것입니다.

설득하려면 제일 먼저 상대방을 충분히 이해시켜야 합니다. 이해가 되도록 하고 나서 공감하도록 해야 합니다. 가정에서나 직장에서 리더가 구성원에게 알아듣기 쉽게 말하는 분위기라면 일단 상호 교감이 잘 된다고 느끼게 됩니다. 이해가 명확하니까 자연히 공감할 확률도 높아집니다. 그러면 설득되는 것입니다.

여기에 리더의 설득력을 더해 주려면 구성원이 자기 일에 집중할 수 있는 여건을 만들어 주면 좋습니다. 공부에 집중할 수 있는 집안 분위기와 환경을 만들어 주지 않으면서 성적이 잘 나오거나 공부하는 습관을 갖도록 바라는 것은 말이 안 됩니다. 온갖 잡무로 도무지 일에 전념할 수 없는 상황인데도 성과가 달성되기를 바라는 리더는 폭군이라고 할 수 있습니다. 사람이 업무를 중단했다가 원래의 하던 일로 되돌아가는 데는 평균 25분이 필요하다고 합니다. 이것은 무엇인가를 중단함으로써 사고의 흐름이 깨지기 때문입니다. 자동차 운전도 가다 서다를 반복하면 운전의 피로도도 높아지고 연비도 낮아지는 원리와 같습니다. 구성원의 능력을 최대한 발휘할 수 있도록 사소한 방해요소라도 관심을 가지고 막아주는 리더가 설득력이 높은 것은 당연한 일입니다.

스웨덴의 한 연구에 따르면, 사려 깊고 배려해 주며 자신을 인정해 주는 리더와 함께 일하는 사람은 그렇지 못한 리더와 일하는 사람에 비해 심장병에 걸릴 확률이 20%나 낮았다고 했던 것을 기억하시죠? 갤럽의 조사에서도 자신을 진심으로 염려해주는 리더와 일하는 직원들이 더 행복하고 업무에도 집중하는 것으로 나타났습니다. 부모들은 자신의 자녀를 자랑하는 데 인색하지 않습니다. 그런데 리더들은 자신의 구성원들을 자랑하는 데 얼마만큼 적극적입니까?

리더의 성공은 구성원들의 성공이 없이는 불가능합니다. 다시 말해 리더는 구성원들이 잘하면 리더 자신도 그 공을 인정받게 되어 있다는 것입니다. 구성원의 성과가 리더의 성과와 연결되어 있기 때문입니다. 따라서 성과 평가를 할 때도 단지 관리자로서 부하의 실적을 평가하는 평가자, 심판의 역할만 할 것이 아니라 그들의 발전과 성공을 위한 조력자 역할을 해야 합니다. 이런 리더에게는 진심으로 따르는 추종자가 늘어나게 됩니다. 진심으로 따르는 구성원들은 리더의 말에 쉽게 설득되고 몰입합니다. 겸병필승(謙兵必勝), 구시화지문(口是禍之門)이라고 했습니다. '겸손하면 반드시 이긴다', '입이 재앙의 근원이다'라는 말입니다. 진정으로 설득력이 있는 멋진 리더가 되길 바란다면 한 번쯤 새겨 둘 말입니다.

리더가 스스로 구성원들에게 공을 돌리고 자신은 가능한 한 적은 공을 차지한다면 결과적으로 모두가 이기는 게임이 될 것입니다. 그렇게 되면 구성원들은 그런 리더를 배려할 줄 알고 아량이 있으며 존경받을만한 리더라고 인정하게 됩니다. 설득력을 키우고 조직을 장악하는 훌륭한 리더는 성과와 인간미의 균형을 잡을 줄 압니다. 이렇게 리더가 구성원과 인간미의 마일리지를 쌓아두면 결정적인 상황에서 더욱 강한 주도권을 행사하며 구성원들의 참여를 유도하게 됩니다. 여기에 구성원의 실수나 잘못을 리더가 책임져주고 방패가 되어 준다면 금상첨화입니다. 가식적인 쇼맨십이 아니라 진정으로 리더로서의 권위를 가지고 구성원을 감싸 안을 수 있는 리더는 말로 하지 않아도 구성원이 자발적으로 따릅니다.

다시 한 번 강조하지만 사람을 설득한다는 것은 논리가 아니라 감정을 어떻게 다루는가에 달려있습니다. 리더가 자신의 인격과 구성원과의 신뢰를 바탕으로 다가선다면 그는 이미 충분히 설득력을 가진 것입니다.

Chapter 7
리더의 핵심역량 코칭 스킬

1. 왜, 코칭 리더십이 중요한가

리더십을 말하면서 빠지지 않는 단어를 고르라면 바로 '코칭'입니다. 리더십의 궁극적인 목적이 구성원을 육성하고 이끌어서 원하는 목표를 성취하는 것이라고 할 때 코칭 능력은 필수적인 리더의 역량이자 관심사항입니다. 최근 기업이나 조직에서는 핵심 인재를 영입하고 육성하기 위한 노력이 그 어느 때보다도 치열합니다. 조직의 성과를 위한 가장 핵심적인 요소가 바로 인재이기 때문입니다. 때로는 한 명의 인재가 조직 전체를 먹여 살리는 결과를 만들기도 합니다. 소위 A급 혹은 S급 인재론입니다.

하지만 대부분 조직에서 조직을 이끌어 가고 성과를 만드는 것은 다수의 B급 인재들입니다. 이들을 어떻게 조직에 오래 머물게 하면서 성과를 낼 수 있는 인재로 육성하느냐가 오히려 그 조직의 성패를 가르는 일임을 간과해서는 안 됩니다. 이들 B급 인재들이 오히려 위기 가운데에도 조직을 오래 지킵니다. 이들은 특출한 부류의 인재들과는 달리 소속감도 높습니다. 이들은 그렇게 엄청난 인센티브를 필요로 하지도 않습니다. 적정하고 공정한 동기부여 요소만 있으면 얼마든지 조직의 핵심인재로 변화될 가능성이 있습니다.

유능한 리더십은 이런 대다수의 인재들을 적절하게 육성하고 적정한 임무를 부여하는 것입니다. 보통의 인재를 유능한 인재로 변화하게 돕는 것이 리더의 역할입니다. 조직에서는 선발도 중요하지만 육성은 더욱 중요합니다. 원래부터 탁월한 역량의 인재만 찾아서 조직을 운영하려 한다면 이것은 마치 세 잎 클로버를 밟아 가면서 네 잎 클로버만 찾는 꼴입니다. 네 잎 클로버가 '행운'을 의미하고 세 잎 클로버는 '행복'을 의미합니다. 행운을 좇는다고 해서 행복을 외면하면 안 됩니다.

이런 이유로 리더에게 코칭은 실과 바늘의 관계입니다. 원래 코칭이란 말은 서부시대에 많이 사용되던 '역마차(코치)'에서 유래되었습니다. 기차와 역마차의 차이점은 무엇입니까? 기차는 놓인 선로 위만을 달립니다. 선로를 벗어나면 탈선입니다. 이것은 매우 위험합니다. 그리고 정해진 역에서만 정차합니다. 하지만 역마차는 정해진 코스만을 가지는 않습니다. 아무데나 필요한 곳이면 멈춰섭니다. 필요한 곳이면 어디든지 들릅니다. 이래서 누군가를 정해진 코스대로 이끌어 가는 기차(train)가 아니라 가장 필요한 곳으로 데려다 주는 역마차(coach)를 의미하기에 코칭이란 용어가 사용된 것입니다. 훈련이라는 의미의 트레이닝과 코칭은 이렇게 의미가 다릅니다.

'코치'라는 용어는 먼저 스포츠 분야에서 많이 사용하였습니다. 그런데 지금은 경영에서 많이 사용하고 있으며 가정과 학교에서도 사용하게 되었습니다. 사실 코칭의 의미를 볼 때 어느 특정의 분야에서만 사용할 것은 아님을 알 수 있습니다. 코칭이란 '상대방의 잠재적인 능력을 개발하여 목표를 성취할 수 있도록 지원하는 시스템'을 말합니다. 여기에서 지원한다는 표현을 사용하였습니다. 지원한다, 즉 서포트한다는 것이 코칭의 핵심입니다. 서포트(support)란, 도와준다는 의미의 헬프(help)와는 조금 다릅니다. 그래서 코칭한다고 하면서 자칫 서포트가 아닌 헬프를 하는 경우가 있습니다.

서포트는 당사자가 코치의 지원을 받아서 문제를 해결하고 난 후에도 혼자서 스스로 유사한 문제가 있을 때 대응이 가능하도록 하는 것입니다. 그런데 헬프만 하게 되면 유사한 문제가 있을 때 당사자 혼자서는 대응이 안되게 됩니다. 직장에서 리더의 위치에 있는 분들은 부하의 일 처리를 보고 문제를 금방 찾아냅니다. 그리고 답도 쉽게 찾아냅니다. 그래서 부하에게 직접 답을 손에 쥐어주면서 잘하라고 내보냅니다. 자신은 코칭했다고 착각합니다. 많은 리더들이 저지르는 코칭의 오류입니다. 이것은 코칭이 아니라 지시거나 헬프일 뿐입니다.

간단한 문제거나 일시적인 문제일 경우라면 이런 방법이 보다 효과적이고 생산적이라고 생각할 수 있습니다. 하지만 육성의 리더십의 관점에서 보면 이것은 부하에게 전혀 도움이 안 될 수 있습니다. 문제의 답을 찾는 자체가 목적이 되어서는 안 됩니다. 가정에서나 학교에서도 아이들에게 정답에만 초점을 맞추어 지도한다면 아이들의 문제풀이 능력은 향상되지 않습니다. 문제를 분석하고 과정을 밟아가면서 정답을 찾아가는 다양한 경험을 하도록 지원하는 것이 중요합니다. 그래서 나중에는 혼자서도 유사한 문제를 풀어낼 수 있도록 해주어야 합니다. 이것이 코칭입니다.

요즘 기업이나 가정에서도 코칭이 익숙한 용어가 되다 보니 아무것이라도 도움이 되게만 하면 코칭인 것으로 잘못 이해하는 경우가 있습니다. 올바른 코칭의 개념과 방법을 익히지 않으면 훌륭한 리더가 될 수 없습니다. 반대로 조금만 코칭의 개념을 바탕으로 코칭 스킬을 몸에 익힌다면 직장에서든 가정에서든 멋진 리더십을 발휘할 수 있을 것입니다. 진정한 리더는 자신의 역량 향상에만 관심을 두지 않습니다. 자신과 같은 수준의 리더를 만들어 내는 것을 진정한 리더의 역할로 인식하는 것이 중요합니다. 5단계 리더십에서 4단계의 리더는 '육성의 리더'라고 했습니다. 나만 잘 되는 것이 아니라 남도 잘 되게 해주는 리더가 진짜 리더라는 것입니다. 그래서 코칭 스킬이 필요합니다.

리더가 해야 할 일 가운데는 가르치는 일이 있습니다. 리더는 가르쳐야 합니다. 가르쳐서 상대방이 할 수 있도록 만들어야 합니다. 그런데 가르치는 방법이 문제입니다. 학교에서도 가르치는 방법이 선생님마다 다릅니다. 선생님의 성격이나 스타일도 다릅니다. 하지만 학생의 입장에서는 어떤 방법이 좋은지, 어떤 방법이 효과적인지 알고 있습니다. 조직에서의 코칭도 마찬가지입니다. 어떤 코칭 스타일이 효과적이고 생산적인지 알 수 있습니다. 다만 리더만 모르고 있을 뿐입니다. 자신의 경험만을 가지고 일방적으로 제시하면서도 훌륭한 코칭을 하고 있다고 착각합니다. 그리고서는 부하들이 무능해서 못 따라온다고 비난합니다. 이런 리더는 육성의 리더가 될 수 없습니다.

가정에서도 부모의 역할 가운데 코치의 역할이 중요합니다. 부모와 자녀들은 당연히 세대 차이가 납니다. 부모들도 자신의 부모와는 세대 차이가 나서 갈등했던 경험이 있을 것입니다. 그런데 막상 부모가 되고 보면 자녀들을 이해하지 못하겠다고 답답해합니다. 자신의 부모들이 했던 것처럼 자녀들을 훈육하고 양육합니다. 이래서는 올바른 자녀 양육도 안되고 관계도 깨지기 쉽습니다. 이제 부모들도 코칭을 제대로 배워야 합니다. 그것이 올바른 부모되기의 방법입니다. 배우지 않고 저절로 잘할 수는 없습니다. 결혼하여 자녀를 낳았다고 저절로 부모 노릇을 할 수 있는 것은 아닙니다. 학교에서 선생님들도 가르치는 법을, 직장에서 리더들도 리더십을, 가정에서 부모들은 양육하는 법을 배워야 합니다.

많은 부모들이 자녀 교육의 성공 사례에 관심을 가집니다. 시골에서 과외 한 번 시키지 않고 특목고에 합격시킨 사례, 여러 명의 자녀들을 이런저런 방법으로 외국 명문대에 진학시킨 사례, 평범한 가정환경 속에서도 자녀들이 의사, 판·검사가 된 사례 등 참으로 많은 사례들이 나오고 있습니다. 그런데 그런 사례의 공통점으로 우선 부모들이 자녀들을 믿고 존중했음에 주목해야 합니다. 평소에 자녀들과의 소통이 원활했다는 점이 있습니다. 학습과 진로의 문제를 함께 고민하고 해결책을 찾는 노력의 과정에 지시자가 아닌 파트너로서 동참했습니다. 말이 쉽지 이런 부모의 모습을 갖기가 쉬운 것은 아닙니다. 학부모는 되기 쉬워도 진정한 부모가 되기는 어려운 법입니다. 여러분은 진정한 부모입니까, 학부모입니까?

이런 리더십의 모든 방법적인 기초가 코칭입니다. 일방적인 가르침이 아니라 자신의 깨우침을 지원해주는 코칭을 통하여 사회 곳곳에서 안정과 발전의 모습이 되살아났으면 좋겠습니다. 우리 사회를 구성하는 각각의 공동체가 올바른 리더십과 코칭을 바탕으로 유지되고 성장할 때 오늘날의 많은 비극적인 사회 문제도 근절될 것이라고 생각합니다. 코칭을 실천하기 위해서는 공동체의 구성원들이 상호 충분히 소통해야 하기 때문입니다. 리더는 리더대로 인내하고 객관적인 시각을 유지하면서 경청하고 상대방을 믿고 신뢰해야 합니다. 또한 구성원은 구성원대로 열린 마음으로 리더를 대하고 솔직하며 진취적으로 문제를 바라봐야 합니다.

제대로 코칭하기 위한 토양을 만드는 것만으로도 가정의 화목과 신뢰가 회복될 것입니다. 직장의 문화가 긍정적이고 진취적으로 변할 수 있습니다. 변화되는 모습 속에서 문제가 해결되고 자신의 역량이 향상되는 것을 느낌으로써 자신감을 갖게 될 것입니다. 서로 믿고 돕는 분위기가 형성되면서 팀워크가 생기고 소속감이 생깁니다. 이런 공동체가 구성하는 사회는 건강하고 희망이 있습니다. 작은 단위 조직에서의 적절한 코칭과 리더십의 발휘가 이렇게 사회를 변화하게 만듭니다.

학교에서의 왕따 현상과 자살 문제도 선생님들의 올바른 코칭을 통해 많은 부분 방지하거나 해결할 수 있었을 것입니다. 학생들의 가치관에도 영향을 미쳐서 가해자나 피해자 학생 모두에게 올바른 의사결정을 하도록 했을 것입니다. 무엇이 진정한 교육이고, 어떻게 살아가는 것이 바람직한 삶의 모습인가를 주입식 교육이 아니라 코칭을 통해 제대로 전달했다면 분명히 여러 비극적인 사건은 방지할 수도 있었을 것입니다.

코칭은 무엇인가 탁월한 성과를 낸 사람이나 특별히 잘난 어떤 사람이 상대방에게 우월적인 위치에서 지시하고 가르치는 것이 아닙니다. 코칭은 상대방의 가능성에 대한 믿음이 있어야 합니다. 상대방이 문제에 대한 해답을 찾을 능력이 있음도 믿어야 합니다. 그 해답을 찾기 위한 여러 방향의 시도를 상대방과 함께 인내하며 지원하고 협력해야 합니다. 지속적인 소통을 통하여 리더의 의도와 생각을 알려야 하는 인내가 필요합니다. 스스로 생각하는 힘을 길러주는 것이 중요합니다. 이것이 올바른 코칭의 밑바탕입니다. 이런 자질을 갖춘 이가 바로 육성의 리더가 되는 것입니다.

현대자동차에서 부사장을 끝으로 퇴직하고 이제는 강연과 저술 활동 중이신 이문수 원장님의 이야기입니다. 그는 1998년의 외환위기 당시에 한 기업에서 영업본부장으로 일하고 있었습니다. 그런데 가뜩이나 경영 환경이 안 좋은 상황에서 건강마저 잃고 암으로 투병하게 되었습니다. 회사의 구조조정 계획을 듣고는 당연히 자신이 대상이 될 것이라고 생각하고 있었던 때에 그동안 자신을 거쳐 간 수 백 명의 부하직원들이 진심을 담아서 회사에 건의하고 실적을 올리면서 본부장을 지키려고 애를 썼다고 합니다.

회사로서는 담당 지역의 실적이 월등하고 해당 직원들이 그토록 신뢰하는 상사를 퇴직시킬 이유가 없었기에 그대로 근무하도록 하였고 이에 힘입어서 부사장에까지 승진하면서 병마와도 싸워 이기는 감동적인 결과를 만들었습니다. 이제는 강연을 통하여 당당히 자신의 삶의 여정을 많은 사람들에게 알리는 일을 하고 있습니다.

이문수 원장님은 평생을 직장에서 리더로 있으면서 다음과 같은 부하를 대하는 모습을 지켰다고 말합니다. 먼저, 부하의 성공을 돕는 조력자가 되었습니다. 직장에서 유능한 부하가 있으면 끝까지 자신 곁에만 두고자 하는 경우가 많습니다. 상사에게는 좋을지 몰라도 부하의 경력 관리나 성장을 위해서는 더 좋은 보직을 주도록 해야 할 경우에도 외면하기 쉽습니다. 하지만 이 원장님은 적극적으로 보직 이동을 시켜서라도 부하의 발전을 도왔습니다.

직업에 대한 성찰을 도왔습니다. 우리나라의 영업직에서 일하는 사람들

180

은 아직도 자신의 일에 대한 자부심을 느끼지 못하는 경우가 많습니다. 무엇인가 부족한 사람들이 하는 일이 영업이라고 생각하는 경향이 있습니다. 전통적인 사무직 선호 경향이 아직도 남아 있습니다. 그런 사실을 누구보다도 현장에서 느끼는 이 원장님은 영업사원들을 일일이 만나면서 일에 대한 자부심과 직장에 대한 가치관을 올바로 가질 것을 호소하고 교육했습니다. 자신의 일에 대한 자부심이 없이는 성과를 낼 수 없음을 알게 했습니다. 이런 상사에게 일을 배운 영업사원들은 당연히 자세가 다르고 의지가 달랐습니다. 이것은 곧바로 실적으로 연결되었습니다.

또 한 가지는 부하를 관리하지 않고 지원하는 모습을 보였다는 것입니다. 대개는 말로는 그럴싸하게 하지만 결국, 업무의 성과를 놓고 관리하는 것이 직장 상사의 모습입니다. 하지만 이 원장님은 부하의 사소한 불편함도 놓치지 않고 관심을 가지며 해결해 주었고 부하들의 지원자라는 믿음을 주면서 함께 뛰었습니다. 시간이 지나면서 이문수 원장님과 함께 일하면 반드시 자신의 성장에 도움이 된다는 평가를 받게 되었고, 그런 결과가 결국, 결정적으로 이 원장님에게 닥친 위기의 순간에 부하들이 자발적으로 들고 나와서 상사를 구하고 함께 할 기회를 만들었다는 것입니다.

오늘날 여러 조직과 공동체에 상사는 많습니다. 그러나 리더는 적습니다. 자신이 잘 되고 성장하는 상사는 많습니다. 하지만 부하의 성장을 돕고 잘 되게 하는 리더는 적습니다. 그래서 진정한 리더가 되려면 코칭의 자세와 코칭의 역량을 갖춰야 합니다. 리더라고 모두 코칭의 역량을 갖추고 있지는 않습니다. 지속해서 훈련해야 합니다. 이것이 육성의 리더입니다.

2. 질문, 경청, 피드백으로 코칭하라

다음의 항목을 살펴보고 자신은 몇 가지나 갖추고 있는지 스스로 진단해 보시기 바랍니다. 훌륭한 코치의 자질을 갖추려면 다음의 항목이 필요합니다. 지위나 경험만으로 훌륭한 코치가 될 수는 없습니다. 코치는 단지 스킬만으로 되지는 않습니다. 성품과 자질을 바탕으로 적절한 스킬이 접목될 때 비로소 멋진 코치형 리더가 되는 것입니다.

긍정적이다	열정적이다	상대를 신뢰한다
관련 지식이 많다	인내심이 많다	표현력이 좋다
관찰력이 좋다	사람을 존중한다	비전을 잘 그린다

이러한 자질을 갖추어야만 코칭의 핵심적인 스킬이라고 할 수 있는 질문, 경청, 피드백을 원활하게 사용하여 코칭할 수 있습니다. 우리나라의 기업에서 리더십 강의를 하면 재미있는 답변을 종종 듣게 됩니다. 먼저 사원들에게 "회사에서 리더들의 리더십 유형이 지시형, 코치형, 위임형 가운데 어느 유형이 가장 많나요?"라고 묻습니다. 그러면 '지시형 리더'가 압도적으로 많다고 합니다. 그런데 그 회사의 리더들에게 자신의 리더십은 어느 유형인가를 물으면 대부분 '코치형'이라고 대답합니다. 결국, 리더 자신들은 코칭이라고 생각하는 일들이 사원 입장에서는 지시라고 느껴진다는 것입니다.

코칭의 정의에서 알 수 있듯이 코칭이란 일방적인 지식이나 정답의 전달이 아닙니다. 리더의 입장에서 구성원 스스로가 생각하게 만들고 깨달을 수 있는 기회를 만들어 주는 것이 코칭입니다.

즉, 구성원이 상황이나 문제를 자각하고 스스로 책임감을 느끼도록 유도하는 것이 코칭의 본질입니다. 부모로서 자녀들이 열심히 공부하여 좋은 성적을 내는 것을 원하지 않는 경우는 없을 것입니다. 하지만 그런 목적 때문에 자녀들에게 강압적이고 위협적인 분위기에서 공부만을 강요하는 일이 많습니다. 문제집을 사다 주거나 학원에 등록시켜서 빼곡한 스케줄로 돌아다니게 하는 일이 다반사입니다. 시험 성적표를 앞에 놓고 훈계하고 야단치면서 틀린 문제를 다시 풀어보도록 요구합니다. 그러면서 자녀의 공부를 돕는 코치의 역할을 하고 있다고 스스로 위안합니다.

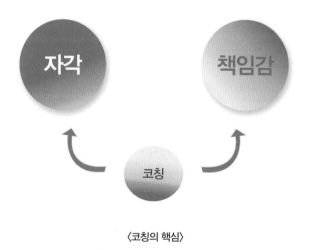

⟨코칭의 핵심⟩

코칭의 본질에서 보면 이것은 코칭이 아닙니다. 결과적으로 자녀 자신이 자각할 기회를 주지 않았습니다. 자녀가 자신의 학업에 대한 책임감을 느낄 수 있도록 이끌어 주지 못했기 때문입니다. '자기 주도 학습'이란 말을 많이 합니다. 이것은 자녀 자신이 주도적으로 학습 계획을 짜고 그 계획대로 스스로 실천하는 것입니다. 이런 자기 주도학습의 습관을 기르도록 하기 위해서야말로 부모의 올바른 학습 코칭이 필요합니다.

신바람 나는 일터를 만들자고 여러 기업들이 다양한 노력을 합니다. 조직의 구성원들이 월요병을 이기고 오히려 출근하기를 기다리는 기업 문화를 만들고 싶어 합니다. 구글과 같은 세계적인 초일류 기업들의 근무 분위기는 일반적인 기업과는 사뭇 다릅니다. 그들은 일하기를 즐깁니다. 일터에서 일하는 것이 즐겁고 조직 분위기는 활력이 넘칩니다. 억지로 먹고 살기 위해서가 아니라 스스로 도전하면서 일을 즐깁니다. 당연히 성과가 탁월합니다. 바로 일하고 싶은 자발성을 이끌어내는 리더십이 있기 때문입니다. 자각하고 스스로 책임지려는 사람들은 자신이 하는 일에 몰입하게 되어 있습니다. 그래서 리더의 코칭이 중요합니다.

이런 조직 문화를 만들려면 먼저 필수적으로 리더의 코칭에 대한 본질적인 이해가 필요합니다. 코칭의 핵심적인 세 가지 스킬을 익혀야 합니다. 의욕만 가지고는 효과적인 코칭을 할 수가 없습니다. 그 핵심적인 스킬 세 가지는 바로 '올바른 질문법, 공감적인 경청, 건설적인 피드백'을 말합니다. 코칭은 이 세 가지 스킬을 활용하여 구성원들의 자각을 이끌어내고 책임감을 가지도록 하는 것입니다. 가정에서도 자녀들에게 이런 부모가 되는 것이 필요합니다. 직장에서의 리더들이 이런 코치가 되도록 노력해야 조직이 변합니다. 목회자를 비롯한 교회의 리더들이 이런 코칭 스킬을 익힌다면 한결 더 통하고 배려하며 공감하는 교회 공동체가 될 것입니다. 이런 조직과 공동체가 되어야 분열이 없어지고 갈등이 없어지게 됩니다.

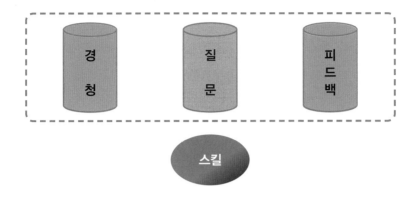

〈코칭의 핵심스킬〉

방송에서 토론 프로그램을 진행하는 진행자의 능력은 질문 능력이라고 할 수 있습니다. 패널들에게 어떻게 질문하는가에 따라서 토론의 내용과 토론의 방향이 결정되기 때문입니다. 이렇게 질문 스킬은 코칭에서도 매우 중요한 역할을 합니다. 리더가 구성원에게 질문을 적절하게 하느냐에 따라서 코칭의 분위기가 결정됩니다. 질문만 제대로 던져도 구성원은 대답하면서 자각하게도 되고 책임감도 갖게 됩니다.

질문에는 그 형태에 따라서 개방형 질문과 폐쇄형 질문으로 나눕니다. 개방형 질문은 구성원이 서술식으로 말하게 하는 것입니다. 자신의 생각과 느낌을 자세하게 설명할 수 있도록 질문하는 것입니다. 반면에 폐쇄형 질문은 단답형의 대답을 하도록 합니다. 특정의 정보에 대해서 간단히 말하게 됩니다. 코칭에서는 되도록 개방형 질문을 많이 사용하는 것이 좋습니다.

우리의 일상생활을 돌이켜보면 뜻밖에 누군가와의 대화에서 폐쇄형 질문을 많이 사용하고 있습니다. 물론 깊이 생각해 보지 않으면 개방형 질문을 많이 사용하고 있는 것처럼 착각할 수 있지만, 실제로 조사해보면 폐쇄형 질문을 압도적으로 많이 사용합니다. 심지어 고객과의 상담에서 좋은 결과를 만들어 내야 하는 영업직조차도 개방형 질문은 별로 하지 않습니다. 그만큼 생각보다 질문 스킬이 부족하다는 것입니다. 가정에서도 자녀들에게 얼마나 개방형 질문을 하는지 생각해 보시기 바랍니다. "숙제 했니? 학원 몇 시에 가니? 밥은 먹었니? 누구하고 놀았니?" 그리고 직장에서의 질문은 또 어떻습니까? "보고서 언제 다 되지? 이번 달 계약 몇 건이지? 이거 누구 책임이지? 재고가 얼마나 남았지?" 이렇게 대부분 폐쇄형 질문에 익숙합니다.

상대방이 대답하면서 스스로 생각하게 만들려면 개방형 질문으로 바꿔서 질문하도록 해야 합니다. 개방형 질문을 하려면 이유나 방법에 초점을 맞추는 것이 좋습니다. 왜 그렇게 되었는지의 이유를 설명해 달라고 질문하거나 어떻게 하면 좋을지에 대한 방법을 묻는 형식이 좋습니다. 그러면 자연스럽게 상대방은 자신의 생각을 말하면서 자신도 느끼고 깨달을 수 있게 됩니다.

질문의 시제를 놓고 보면 과거형 질문과 미래형 질문으로 나눌 수 있습니다. 코칭의 질문으로는 미래형 질문이 좋습니다. "지난번에 왜 그랬지?"라는 과거형 질문은 상대방을 추궁하는 인상을 주게 됩니다. 상대방을 압박하는 분위기는 좋은 코칭을 할 수 없습니다. "앞으로는 어떻게 하면 좋겠다고 생각하는지?"라고 미래형 질문을 던지면 미래 지향적으로 생각하면서 해결안에 초점을 맞추게 됩니다.

코칭의 목적은 과거의 잘못을 따지는 것이 아니라 앞으로의 가능성을 찾아가는 과정이 되어야 합니다. 자녀의 성적표를 놓고 "도대체 이 점수가 뭐냐?”고 하기 보다는 “다음엔 어떻게 하면 얼마나 향상될 수가 있다고 생각하는지?”를 묻는 것이 코칭형 대화입니다. 기껏 대화한다고 하고서도 결국은 야단치고 마는 격이 되지 않게 하는 코칭형 질문은 미래형 질문으로 가능합니다.

질문의 성격으로 볼 때 부정적인 것보다는 긍정적인 것이 훨씬 바람직한 코칭형 질문입니다. 부정적인 질문이란 잘못된 부분을 지적하면서 왜안 되는지를 캐묻는 것입니다. 이러면 상대방은 취조당하는 느낌에 사로잡혀서 제대로 코칭이 되지 않습니다. “왜 실적을 달성하지 못했나?”라는 부정적인 질문이 아니라 “실적을 달성할 방법으로 무엇이 가장 먼저 생각나는가?”라고 긍정적 질문을 활용하는 것이 좋습니다. 코칭은 어쨌든 코치와 구성원이 함께 문제를 해결할 방안을 도출하는 과정입니다. 누가 누구의 잘못을 따지고 책임을 추궁하는 자리가 되어서는 안 됩니다. 구성원의 잠재력을 개발하여 스스로 해결할 수 있도록 지원하는 일임을 잊지 말아야합니다.

질문은 단지 필요한 정보를 알아내는 기능 외에도 많은 역할을 할 수 있습니다. 질문은 상대방을 대화에 적극적으로 참여하게 유도하는 방법이 되기도 합니다. 상대방에게 생각할 기회를 주기도 하고 대화의 본질로 유도하는 역할을 하기도 합니다. 이처럼 질문을 적절하게 활용하는 리더가 제대로 코칭할 수 있게 됩니다.

유능한 코치의 특징 가운데 빼놓을 수 없는 것은 경청 능력입니다. 특별히 우리나라의 리더들에게 필요한 부분이 경청이라고 할 수 있습니다. 남의 말을 제대로 듣는 것은 생각보다 어렵습니다. 그런데 코칭에서의 경청은 단순한 대화의 경청보다 훨씬 더 중요합니다. 구성원의 말을 어떻게 들어주느냐에 따라서 코치와 구성원의 관계가 결정되고 코칭의 성과와 연결되기 때문입니다. 코칭에서 우리나라의 리더들이 경청을 잘 못 하는 이유는 바로 가르치려는 마음 때문입니다. 자꾸만 정답을 제시하려는 급한 마음 때문에 경청이 잘 안 됩니다. 코칭은 빨리 가르친다고 되는 것이 아닙니다. 스스로 깨닫게 만들어 주어야 합니다. 헬프가 아니라 서포트입니다. 그래서 인내심이 필요합니다.

올바른 경청을 위해서는 상대방의 말이 끝날 때까지 끝까지 기다리는 것이 중요합니다. 중간에 말을 자르고 개입해서는 안 됩니다. 중간에 필요한 부분을 메모하면서 다 듣고 대답하도록 해야 합니다. 때로는 맞장구를 치는 것도 필요합니다. 가장 손쉬운 방법으로 "아, 그랬구나."라고 말하면 됩니다. 상대방의 말이 자신의 생각과 달라도 일단은 "아, 그랬구나."라고 응대하는 것입니다. 이렇게 일단은 상대의 말을 받아주고 나서 "그런데, 내 생각은 말이지…."라고 의견을 말하는 방법이 좋습니다. 뭐든지 일단 받아주고 나서 자신의 의견을 말하는 리더에게 구성원은 믿음을 가지고 솔직해지기 때문입니다. 코칭에서 상호 신뢰가 없다면 그것은 무의미합니다.

경청할 때에는 코치의 표정도 매우 중요합니다. 자칫하면 상대방에게 형식적이고 무관심한 코치로 인식될 수 있습니다. 상대방에게 메시지를 전달하는 경로를 보면 언어가 차지하는 비중은 7%밖에 안 됩니다. 나머지 93%는 표정과 목소리로 전달되는 것입니다. 이것을 메라비언 법칙이라고 합니다. 아무리 말로 이런 저런 친절한 말을 해도 그 사람의 표정이 무관심하거나 귀찮아한다면 상대방에게 전달되는 것은 친절이 아니라 무관심입니다. 그래서 진정으로 경청하려면 진지한 표정과 시선 처리가 중요합니다. 자녀와의 대화에서도 부모가 설거지나 신문 보기 등 다른 일을 하면서 말로만 대답하면 자녀는 부모가 건성으로 대답한다고 느끼고 부모와의 대화에서 소외됨을 바로 느낍니다. 그런 결과는 나중에 자녀가 성장해서 진심으로 대화하고 싶어도 자녀가 신뢰하지 않고 대화를 외면하기까지 합니다.

직장에서 리더는 수많은 일들로 정서적으로 여유가 없습니다. 한 조직의 CEO도 일반적인 생각보다 훨씬 더 복잡한 일들이 머릿속에 자리잡고 있습니다. 그래서 마음과는 달리 누군가와의 대화 도중에 표정으로 상대방을 실망시키는 일이 생깁니다. 그런데 정작 리더 본인은 그 사실을 잘 모를 경우가 있습니다. 그래서 상처를 주기도 하고 관계에 금이 가기도 합니다. 따라서 리더가 제대로 경청만 잘해도 이런 문제를 방지하고 올바른 코칭을 할 수도 있는 것입니다.

'내가 듣고 있으면 내가 이득을 얻고 내가 말하고 있으면 상대가 이득을 얻는다'라는 아라비아의 속담이 있습니다. 또한 이청득심(以聽得心)이라고 했습니다. '진심으로 귀를 기울여서 경청하는 것은 사람의 마음을 얻는 최고의 지혜'라는 말입니다. 리더십의 출발은 경청에서 온다고도 합니다. 이렇게 경청하려면 단지 스킬로만 되지 않습니다. 리더의 마음이, 리더의 인격이 중요합니다. 기본적으로 상대방을 존중하는 마음이, 스스로 겸손한 자세가 필요합니다. 상대방에 대한 진심이 없으면 잠시라도 경청하기는 어렵습니다. 그래서 경청에 성공하면 사람의 마음도 얻는다는 것입니다.

코칭의 세 가지 핵심 스킬 가운데 마지막은 건설적 피드백입니다. 일반적으로 피드백이라고 하면 잘못을 지적하는 일을 의미합니다. 그래서 누군가가 어떤 일에 대하여 피드백하겠다고 하면 일단 긴장하게 됩니다. '무슨 잘못을 지적할까?' 하는 궁금증과 함께 불안해지기 쉽습니다. 저도 기업체에서 수많은 강의를 하지만 담당자가 강의에 대한 피드백을 한다고 연락해오면 긴장하게 됩니다. 이처럼 피드백은 부정적인 인식이 강하지만 코칭에서의 피드백은 지적으로 인식되어서는 안 됩니다. 그래서 구별되게 건설적인 피드백이라고 일컫는 것입니다. 건설적인 피드백이란 '현재의 문제나 잠재적 문제에 관심을 두고 상대방의 개선을 유도하여 기대치를 성공적으로 충족시키는 행위'를 의미합니다.

효과적인 피드백은 몇 가지 원칙을 지켜야 합니다. 먼저 구체적이어야 합니다. 듣는 입장에서 막연하게 들린다면 비난이나 원망으로밖에 여겨지지 않습니다. 코칭에서 피드백을 할 때에는 구체적으로 무엇이 잘못되었는지 명확하게 말해줘야 합니다. "똑바로 못하겠어? 제대로 좀 해라." 이런 식의 표현은 구체적이지 못합니다. "보고서에 자료가 잘못 인용되었어." "컵을 제자리에 놓으라고 했는데 또 어겼어." 등 구체적으로 말해야 합니다.

피드백은 개별적으로 하며 즉각적으로 해야 효과적입니다. 칭찬은 공개적으로 하고 비난은 개별적으로 해야 합니다. 상대가 인격적으로 수치심을 느끼지 않도록 개별적으로 불러서 이야기 하는 배려가 필요합니다. 또한 피드백해야 할 일이 있으면 바로 해야 합니다. 나중에 시간을 두고 하면 상대방은 오해하기 쉽습니다. 그동안 '리더가 자신을 안 좋게 보고 있었겠구나' 하는 생각을 하게 되기 때문입니다. 게다가 오랜 시간이 지난 후에 피드백하면 이미 일을 돌이킬 수 없는 상황이 된 경우도 생기게 되므로 피드백의 목적에도 맞지 않습니다.

건설적인 피드백을 위해서는 먼저 피드백을 하는 리더의 의도를 긍정적으로 말하면서 시작하는 것이 좋습니다. 피드백의 구체적인 내용은 어쨌든 구성원의 잘못이나 잘못의 가능성에 대한 부정적인 주제입니다. 따라서 듣는 입장에서 오해하지 않도록 리더로서의 육성 차원에서 구성원의 발전을 위한 의도임을 밝히는 것이 중요합니다. 피드백에서 가장 먼저 이런 긍정적인 의도를 말하고 시작함으로써 전체적인 피드백의 분위기를 객관적이고 긍정적으로 설정하는 것이 필요합니다.

그다음에는 그 동안 리더가 관찰한 내용을 사실 중심으로 설명합니다. '지난 일주일간 출근 시간을 확인해 보니까 세 번이나 30분 이상 늦었다는 사실을 알았다' '금년 개인 목표에 비교할 때 현재까지 실적이 팀에서 가장 낮은 상황이다' 등 사실을 중심으로 말하는 것입니다. 단순히 "왜 이렇게 만날 늦게 다니고 근태가 불량한가?"라든지 "요즘 일을 하는 거야 마는 거야? 도대체 실적이 형편없어."라고 뭉뚱그려서 말하는 것은 좋지 않습니다. 사실을 근거로 말하되 일정 기간 살펴보았다고 하는 객관성이 필요합니다.

여기에 당사자의 의견을 묻는 것도 필요합니다. 리더가 코칭한다면서 잘못을 일방적으로 지적하고 대책을 요구한다면 이미 이것은 코칭이 아닙니다. 건설적인 피드백도 아닙니다. 사실에 근거하여 관찰한 사실을 말하고 그에 대한 당사자의 의견이나 생각을 말하게 기회를 주어 충분히 상황을 파악하는 단계가 필요합니다. 파악된 사실 이면에 미처 알지 못했던 배경이 있을 수 있으며 쌍방향 대화를 통하여 피드백해야 좀 더 효과적이기 때문입니다. 이런 시간을 가지려면 리더가 인내하고 기다릴 줄 알아야 합니다. 상대방에 대한 신뢰를 잃지 않아야 가능합니다. 그래서 코칭의 자세와 리더의 성품이 중요합니다.

마지막으로는 리더가 바라는 기준과 내용을 중심으로 해결책을 찾는 대화로 이어가야 합니다. "다음 분기에는 이번 실적 대비 20%의 성장을 목표로 해보자. 먼저 잠재 고객 리스트를 나와 함께 분석해서 방문 리스트를 만들어 보면 어떨까?" "다음 번 시험에 좋은 성적을 내는데 내가 무엇을 해주면 도움이 될까?" 등 이렇게 해결안 중심의 대화가 되어야 합니다. 피드백은 결국, 잘못 따지기가 아니라 개선책의 도출이 목적입니다. 리더가 구성원과 함께 개선안을 찾도록 동참하는 일련의 대화 과정이 피드백이자 코칭입니다. 이것이 코칭의 본질인 서포트이고 육성을 목적으로 하는 리더십의 핵심입니다.

제 아내는 직장에서 회계부문 책임자로 일하고 있습니다. 회계 부서는 연말 결산때문에 가장 바쁩니다. 실제로 2014년 말에 결산 작업을 하면서 있었던 일입니다. 제 아내가 전체 일을 진행하면서 일부 업무는 아래 직원이 담당하여 처리하는 것으로 업무를 나누고 있었는데, 막상 결산 감사일을 코앞에 두고 문제가 발견되었답니다. 결산에 문제가 생겨서 확인 작업을 하면서 거의 매일 야근하였고, 다행히 원인을 찾아서 수정 작업을 하게 되었습니다. 물론 덕분에 연말과 연초까지 거의 자정이 다 되어야 퇴근하는 강행군을 했습니다.

문제의 원인은 어이없게도 그 직원이 평소에 일일 마감을 하면서 완전하게 확인하지 않고 자기 생각대로 맞지 않는 부분은 역으로 계산하여 대략 마감해 왔던 것에 있었습니다. 항목 조정이라든지 중요한 부분은 리더에게 확인을 받고 진행해야 했는데 신입임에도 경험도 없이 자의적으로 처리했던 것이 화근이 되어 온통 결산 작업을 원점에서 다시 해야 했던 것입니다.

일을 대략 마무리하고 그 직원에 대해서 어떻게 조치를 해야 하나 고민하던 아내에게 제가 조언을 했습니다. 일단 그 직원에게 충분히 말을 할 기회를 주고 들어주라고 말입니다. 규정을 엄하게 들이대어 문책할 수도 있겠지만, 일을 그렇게 처리한 의도와 배경을 충분히 들어주면서 대화하고 판단하라고 했습니다. 편찮으신 어머니 일 때문에 신경이 다른 곳에 가 있었는지, 아니면 일에 대한 의욕이 없어서였는지 등을 먼저 대화로 확인하고, 문책이 목적이 아니라 그 직원을 교육하고 육성하는 것이 목적이 되도록 방향을 잡으면 좋겠다고 조언했습니다. 다행히 그 직원은 단순한 판단 착오로 그렇게 일 처리를 하였고 일에 대한 의지와 그동안의 성실성을 고려하여 경위서를 쓰는 선에서 마무리되었습니다. 그 일로 인해서 더욱 세심하게 일하는 계기가 되어 좋은 경험이 되었다고 말하는 아내를 보면서 코칭과 피드백의 중요성을 또 한 번 느꼈습니다.

만약에 그 일로 제 아내가 일의 결과만 놓고 문책으로 마무리하였다면 개인과 조직 모두 일정 부분 손해를 입었을 것입니다. 조직은 잠재적 가능성이 있는 좋은 인적 자원을 제대로 활용하지 못할 수도 있고, 개인은 한 번의 실수로 자신감을 잃게 되어 잠재 역량을 발휘할 기회를 놓치는 일이 생길 수도 있었던 것입니다. 하지만 리더의 노련한 피드백과 코칭을 통하여 문제 상황을 계기로 오히려 상호 관계를 건강하게 유지하면서 발전의 기회로 삼게 된 사례입니다.

3. 일상에서 효과적인 리더의 화법

리더로서 구성원에게 적절하게 코칭하려면 대화라는 수단을 사용해야 합니다. 가정에서 부모와 자녀 사이에서는 물론이고 직장에서 상사와 부하와의 관계, 단체의 모든 리더와 회원 사이에도 역시 마찬가지입니다. 그런데 말이라는 것이 한 번 입 밖으로 나가면 되돌릴 수가 없습니다. 마치 쏜 화살을 되돌릴 수 없는 것과 같습니다. 그래서 리더의 말은 다른 누구의 말보다도 그 영향력이 크다는 데에 주목해야 합니다.

말은 '마음의 알'이라고 했습니다.' 우리가 하는 말을 통하여 타인에게 힘과 용기를 줄 수도 있고 상처를 줄 수도 있습니다. 말이란 무엇을 말하는가보다 어떻게 말하는가가 더 중요합니다. 그런데 우리는 흔히 '무엇(what)'을 말하는 가에만 신경을 씁니다. '어떻게(how)' 말하는 가에는 그다지 신경을 쓰지 않기 때문에 실수가 생기고 상처를 주게 되며 오해와 갈등을 만드는 것입니다.

아무리 부모라고 해도 자녀에게 어떻게 말할지를 생각하지 않고 말한다면 자녀의 입장에서는 이해하기도 어렵고 인정하기도 어려운 법입니다. 직장에서도 상사의 입장에서 부하에게 옳은 말을 했다고 생각할지라도 부하의 입장에서 서운하고 화가 나기도 하는 것은 바로 '어떻게'에 신경쓰지 않았기 때문입니다. 직장에서도 뜻밖에 리더의 말 한마디 때문에 상처받고 직장을 떠나기까지 하는 경우가 있습니다. 그런데 정작 당사자인 리더는 무엇이 문제인지조차 모르고 답답해합니다.

오늘날 사회적 문제가 되는 학교 폭력과 따돌림 현상에 노출된 많은 학생들이 막상 피해를 당하게 되어도 곧바로 누군가에게 속 시원히 털어놓지 못하고 감추고 있으므로 회복할 수 없을 만큼 문제가 심각해지는 일이 다반사입니다. 이들은 대개 가까운 친구를 제외하고는 교사나 부모에게도 알리지 않는 실정입니다.

청소년 폭력 예방재단의 조사에 의하면, 우리나라의 청소년들은 고민이 있을 때 친구나 동료와 상담하는 것이 절반을 넘는 51.1%나 되고 스스로 해결한다는 경우도 16.2%나 되는 반면에, 어머니와 상담한다는 경우는 19.2%, 아버지와 상담하는 경우는 불과 3.0%에 지나지 않았습니다. 선생님과 상담하는 경우는 이보다도 못한 1.4%뿐입니다.

여러 가지 이유로 고민이 있거나 피해를 입은 학생이 자신의 부모에게조차 말하지 않겠지만 궁극적으로 가정에서 부모와 자녀와의 대화의 빈도와 밀도가 높을수록 자신의 고민을 털어놓을 확률이 높아지게 됩니다. 평소에 부모가 자녀와 어떻게 대화하고 있는가에 따라서 유사시의 고민 상담의 대상이 되기도 하고 안 되기도 하는 것입니다. 학교에서 교사와 학생의 관계도, 가정에서 부모와 자녀의 관계도 마찬가지입니다만 우선 서로의 신뢰관계가 중요합니다. 그런데 신뢰란 평소의 지속적인 대화와 이해를 통해서 형성되는 것이지 하루아침에 되는 것은 아닙니다.

사실 부모가 되기 전이나 되고 나서 우리는 자녀와 어떻게 대화해야 하는 지에 대한 교육을 받은 적이 없습니다. 자신의 부모와 대화했던 방식을 답습하는 것이 일반적이지요. 따라서 부모 리더십의 핵심 수단으로 자녀와의 효과적인 대화법을 익히는 것은 매우 필요하고 중요한 일입니다. 그런데 이런 대화법은 결국, 어느 집단에서나 공통으로 통하는 면이 있기에 자연히 자신의 화법을 통하여 리더십을 발휘하는 데 도움이 됩니다.

먼저 부모가 자녀와 대화를 할 때는 자신의 감정 상태를 인지하고 조절할 줄 알아야 합니다. 아무리 부모라고 해도 자녀를 자신의 소유물로 생각하고 함부로 기분 내키는 대로 대해도 된다는 잘못된 인식을 하고 있으면 안 됩니다. 전통적으로 우리나라의 부모들은 자녀 교육에 보수적이고 엄한 경우가 많습니다. 그 가치관의 중심에는 부모는 자녀에게 절대적인 권한을 가지고 있다는 유교적인 전통이 자리하고 있습니다. 자녀에게 부모로서의 일정한 권위를 가질 수는 있지만 그렇다고 절대 권력을 휘둘러도 된다는 것은 잘못입니다.

자신의 기분이 나쁠 때면 자녀에게 가혹할 만큼 심하게 대한다든지 폭력적이 되는 것은 분명 잘못된 일입니다. 행동으로만이 아니라 언어적인 폭력이나 정서적인 폭력도 주의해야 할 부분입니다. 부모의 정서가 불안정한 상태에서 자녀에게 자신도 모르게 강압적이거나 혹독하게 대하는 일을 주의해야 합니다. 자신의 감정이 불안정할 경우에는 자녀에 대한 훈육의 시간을 조정할 필요가 있습니다. 잠시 안정을 취한 다음에 불러서 이야기를 해야 합니다. 앞장에서 이미 소개한 심호흡법이라도 활용해서 평정심을 되찾고 난 다음에 훈계해야 합니다. 폭력적이고 잘못된 훈육 방법은 오히려 자녀의 정서를 해치면서 그들이 성인이 되어서 똑같이 폭력적인 방법을 사용할 가능성이 커지게 되므로 매우 주의해야 합니다.

평소에 자신의 감정을 적절하게 통제하지 못하는 부모라면 특히 신경을 써서 통제력을 잃는 일이 없도록 노력해야 합니다. 자녀의 처지에서 볼 때 자신의 부모가 일관성 없이 감정적으로 반응한다고 느낀다면 그들은 부모를 신뢰하기 힘듭니다. 자연히 부모와 대화를 통해 좋은 관계를 맺고 신뢰를 형성하기 어렵게 됩니다. 이런 일이 가정의 폭력을 낳기도 하고 밖에서의 힘든 일을 부모와 상의하지 않게 되는 원인이 됩니다.

야외에서 캠핑하던 가족이 급히 서둘러서 귀가하려고 하는데 어린 아들이 차에 타지는 않고 근처 물웅덩이로 가서 첨벙거립니다. 아버지는 또 장난을 친다고 생각하고 버럭 화를 내면서 왜 말 안 듣고 시간을 지체하느냐고 소리칩니다. 그러자 그 아들은 자동차에 타기 전에 신발에 묻은 흙을 씻어서 차를 더럽히지 않으려고 했다고 울먹이며 대답합니다. 아버지는 아차 싶었지만 이미 늦었습니다. 아들에게 버럭 소리부터 질렀으니 말입니다. 우리는 이런 일을 수 없이 경험합니다. 이것이 부모의 감정조절 훈련이 필요한 이유입니다. 자신의 선입견을 버리고 조금 여유를 갖고 기다릴 줄 알아야 합니다. '왜 그러는지'를 자녀에게 물어보는 여유가 필요합니다. 이것이 바로 대화의 시작입니다.

자녀와의 대화에서 질문을 적절하게 사용하는 것은 대단히 좋은 방법입니다. 일반적으로 소통 능력이 뛰어난 사람들은 대부분 질문의 스킬도 뛰어납니다. 질문으로 상대방이 대화에 자연스럽게 참여하도록 유도할 수 있기 때문입니다. 질문을 통해서 상대방의 속마음을 읽을 수도 있고 반대로 자신의 의도에 대해 생각할 기회를 주기 때문입니다. 그런데 이런 질문을 할 경우에는 개방형 질문(open question)을 사용해야 합니다. 그래야 자녀가 자기 생각을 서술형으로 설명할 수 있게 됩니다. 너무 단답형의 대답이 나올 질문을 많이 하면 오히려 대화가 되지 않습니다. 부모의 입장에서 궁금하다고 마구 폐쇄형 질문(closed question)을 한다면 자녀는 대화가 아니라 심문이라고 느끼게 됩니다.

자녀의 대답이 충분하지 않다고 생각이 되더라도 너무 추궁하거나 다그치듯이 되묻지 말아야 합니다. 그럴 때는 질문을 보완해서 다시 하는 것이 좋습니다. 그리고 어떤 의도로 하는 질문이며 질문의 의미가 무엇인지 설명해주면서 대답을 기다리는 것이 필요합니다. 자녀와 부모의 인식 수준이 같을 수는 없으므로 보완해서 질문하고 예시를 들어 주는 것도 좋습니다.

설령 부모의 생각과 다른 답변이 나온다고 비꼬거나 힐난하지 말아야 합니다. 자칫하면 자녀와의 대화가 언쟁이 되고 급기야 관계를 깨뜨리는 빌미가 될 수도 있습니다. 이럴 때 부모의 배려와 인내가 필요합니다. 자기 수양이나 감정 조절이 안 되는 부모는 이런 타이밍에 일을 그르칩니다. 그리고 "대화는 무슨 대화냐, 너 하는 꼴이 다 그렇지, 뭐."하고 포기하고 비난합니다. 이래서는 안됩니다. 자녀와의 대화를 통한 관계와 신뢰 형성이 그렇게 쉽고 간단한 일이 아님을 알아야 합니다. 끈기 있게 시도하고 노력하지 않으면 쉽게 되는 일이 아닙니다. 그렇지만 분명히 그만한 가치가 있는 일입니다.

대화의 주제나 사례는 자녀의 중심으로 찾는 것이 효과적입니다. 부모의 입장에서 "내가 너만 할 때는 말이야…." 혹은 "내가 어릴 땐 말이지…." 이런 종류의 예시나 사례는 특별한 경우가 아니고는 별로 효과가 없습니다. 자녀의 입장에서 도무지 감이 안 오는 말이기 때문입니다. 차라리 자녀의 관심 사항이나 자녀가 잘 알만한 사례를 통해서 이야기를 풀어 가는 것이 좋습니다.

요즘의 아이돌 그룹이나 오디션 프로그램의 사례를 든다든지 인기 프로그램의 내용을 중심으로 대화하면 훨씬 설명도 쉽고 자녀도 잘 받아줍니다. 그러려면 부모가 먼저 자녀의 관심사를 관찰하고 이해하고 있어야 합니다. 관심 있는 만큼 알게 되고 아는 만큼 보이게 되는 법입니다.

대화할 때는 1인칭 화법이 좋습니다. 소위 '아이메시지(I-message)'라고 하는 것입니다. 그러니까 주어가 '나'가 되도록 문장을 구성하여 말을 하라는 것입니다. "엄마가 보기에는…, 내 생각에는…, 아빠가 보니까 말이야…, 내가 해보니까…" 등의 표현법을 말합니다. "너 말이지…, ○○야 왜 그렇게…." 등의 '너'를 주어로 시작하는 표현은 자칫 자녀에게 공격적으로 비칠 우려가 있습니다. 특히 야단치거나 지적해야 하는 등의 안 좋은 일을 말할 경우에는 더욱 1인칭 표현법을 사용해야 합니다.

자녀에게 주의하라고 하거나 제지하는 말을 할 경우에는 되도록 부정적인 표현보다 구체적이고 긍정적인 표현으로 바꾸는 것이 좋습니다. 즉, 하지 말아야 하는 일보다는 해야 할 일을 중심으로 말하는 것입니다. "밤늦게 돌아다니지 마라." 보다는 "11시까지는 들어오너라."라고 말하는 것이 좋습니다. 사람은 반복적으로 하지 말라는 표현을 듣게 되면 오히려 부정적인 감정과 행동이 각인되는 경향이 있습니다. 그래서 자신도 모르게 부정적인 그 행위들이 더 머리 속에 남게 되어 유사시에 그런 행동이 나오게 됩니다. 우리가 습관을 바꾸려고 할 때에 나쁜 습관을 버리는 것으로는 부족합니다. 그 빈자리에 좋은 습관을 채우는 것이 필요합니다. 마찬가지로 무엇을 하지 말라고 말하기 보다는 무엇을 어떻게 하라고 말하는 것이 효과적입니다.

한 마디 하면 자녀가 그 말의 뒤에 감춰진 모든 의미까지 알아들으면 좋겠지요. 하지만 그것은 무리입니다. 부부간에도 서로의 말을 못 알아들어서 다툼이 생기는데 자녀는 오죽하겠습니까? 그래서 무엇을 지시할 때에도 뭉뚱그리지 말고 구체적으로 말해야 합니다. "제발 방 좀 정리하고 살아라."보다는 "침대 정리는 일어나서 바로 하고 책상 위의 책은 책꽂이에 꽂아두어라."라는 표현이 더 좋습니다.

이런 말을 할 때 부모의 말투나 표정도 중요합니다. 짜증스러운 말투나 표정은 삼가해야 합니다. 자녀는 말 자체보다도 그 말투나 표정에 더 예민하기 때문입니다. 부모 자신은 잘 모르지만 듣는 자녀는 굉장히 민감하게 반응할 수 있습니다. '왜 엄마는 저렇게 날카롭게 말씀하시지?' 하고 받아들이면 그 말의 내용은 이미 자녀의 안중에 없게 됩니다. 그러면 엄마는 그런 상황은 모르고 말을 안 듣는다고 더 큰 소리를 지르게 됩니다. 악순환의 연속입니다.

부모가 자녀와 대화하면서 자녀의 인격과 의견을 존중하는 모습을 보이는 것은 대단히 중요합니다. 우리는 대개 "네가 뭘 안다고⋯."하는 식으로 무시하고 윽박지릅니다. 아니, 이것이 무시하고 윽박지르는 일이라는 것조차 인식하지 못하고 있습니다. 하지만 자녀의 입장에서는 무엇인가 이유가 있고 나름의 논리가 있다고 생각합니다. 이것을 받아주지 않으면 부모와 대화가 통하지 않는다고 판단해 버립니다. 상대가 누구든지 대화는 주고받아야 하는 것입니다. 자기 생각과 다르더라도 일단은 받아주는 것이 중요합니다. 사소한 것이라도 부모에게 존중받으며 쌍방향 대화를 경험한 아이는 가정 밖에서도 서로 존중하는 법을 잊지 않습니다. 일방적으로 무시하고 자기주장만 하지 않습니다. 누군가에게 군림하려 들지 않게 되는 것입니다.

자녀와의 대화 가운데 부모로서 사과할 부분이 있다면 용기를 내어 사과해야 합니다. 부모가 자녀에게 사과하는 것을 수치로 여기거나 있을 수 없는 일이라고 생각한다면 옳지 않습니다. 자기 생각을 솔직하게 말하고 자녀에게 명확한 사과의 의사 표현을 할 줄 아는 부모는 오히려 자녀에게 신뢰감을 주고 존경심을 갖게 합니다. 자녀 생각에도 뻔히 부모가 잘못인 일인데도 사과 없이 슬쩍 넘어가거나 무시한다면 자녀도 가정 밖에서 똑같이 행동하게 됩니다. 하지만 잘못을 잘못이라고 인정하는 부모의 행동을 통해 자녀는 밖에서도 용기있게 미안하다고 말하게 됩니다. 그래서 부모는 자녀의 거울 역할을 하는 것입니다. 이것이 자녀 양육의 옳은 방법입니다. 삶으로 가르치지 않으면 어떤 번듯한 훈계도 잔소리에 불과합니다.

무조건 받아주고 자녀에게 부드럽고 자상하게만 해주면 좋다는 것은 아닙니다. 오히려 적절한 제재는 필요합니다. 요즘 가정에서 자녀를 거의 우상처럼 섬기는 경우가 있습니다. 그만큼 자녀라면 꼼짝 못 하는 부모가 있다는 말입니다. 자녀의 의견을 존중하고 배려하는 관계를 만드는 것과 자녀에게 꼼짝 못 하는 것은 다릅니다. 자율과 통제의 적정선을 지키지 못하면 교육은 실패하고 맙니다. 자녀에게 실수를 두려워하지 말고 도전해보라고 격려하는 것과 무슨 일이든 마음대로 해도 괜찮다는 것은 전혀 다릅니다.

학교 폭력의 배경에는 잘못된 가해 학생 부모의 가치관도 있습니다. 자신의 자녀가 가해자임에도 무조건 두둔하려고만 합니다. 제재를 가하는 교사에게조차 이의를 제기하고 심지어 학생 앞에서 교사에게 욕설을 퍼붓기도 합니다. 이런 모습을 본 아이들이 무엇을 배우겠습니까? 자녀들에게 자율권을 주는 것도 필요하지만 자율권의 크기만큼 책임과 규율도 따른다는 사실을 분명히 가르쳐야 합니다. 책임이 따르지 않는 자율은 더 이상 자율이 아닙니다.

공동체에서의 자율은 어느 특정인만 편하면 좋은 일이 아닙니다. 모두의 공감대가 있어야 하고 모두의 편익을 위한 것이어야 합니다. 오늘날의 청소년들에게는 이런 의식이 부족합니다. 가정과 학교에서 교육이 잘못된 탓입니다. 영화 〈스파이더맨〉에 나오는 명대사 한 마디를 소개합니다. '큰 힘

에는 큰 책임이 따른다(with great power comes great responsibility).'

좋은 부모 리더십을 위해서는 부모 자신의 과격한 언어 습관을 고칠 필요는 없는지 살펴보아야 합니다. 요즘 학교에서의 또 한 가지 문제는 욕설입니다. 초등학생에서 대학생에 이르기까지 온통 욕설이나 비속어투성이입니다. KBS 한국어진흥원과 국립국어원의 공동 조사에 의하면, 청소년의 53%가 매일같이 습관적으로 욕설하며 생활한다고 합니다. 또한 친구와 일상적인 대화에도 75%의 청소년들이 욕설을 사용합니다. 문제는 아이들이 욕설의 의미도 모른 채 그냥 사용하고 있다는 것입니다. 여학생도 예외가 아닙니다. 의미를 안다면 차마 입에 담지 못할 말인데도 버젓이 여학생들끼리 사용하고 있습니다. 그런데 부모님의 경우는 어떻습니까? 가정에서나 직장에서, 친구들과 어울렸을 때 욕설이나 비속어를 사용하고 있지는 않습니까?

예전 같으면 폭력 조직이나 양아치들이나 사용할 법한 말을 번듯한 직장에서 사용하고 있는 경우가 많습니다. 대학 교육까지 마치고 평범한 일상을 사는 우리 부모들 가운데에도 쉽게 욕설을 내뱉는 경우가 있습니다. 이런 분위기가 고쳐지지 않으면 학교에서 아이들이 욕설을 입에서 떼지 못할 것입니다. 입이 거칠어진 만큼 행동도 거칠어지게 되어 있습니다. 가뜩이나 PC 게임을 통해 폭력과 잔인한 행동에 익숙해진 아이들이 언어 습관마저 마치 폭력배 사이에서나 사용할 말들을 사용하고 있으니 이토록 잔인한 학교 폭력 사건들이 발생하는 것도 이상한 일이 아닙니다. 바른말은 고사하고 폭력적인 말이나 욕설만이라도 사용하지 않는 부모가 되고 그런 가정 분위기를 만드는 노력을 해야 합니다.

지금까지 말씀드린 화법이나 태도는 비단 가정에서 부모에게만 해당하는 것은 아닙니다. 직장에서 상사가 부하를 지도하기 위해서도 꼭 지켜야 하며 각종 사회단체에서 리더가 지켜야 할 부분이기도 합니다. 아주 일상적이고 작은 부분이지만 이런 개선이 없이는 리더와 구성원 사이의 이해나 좋은 관계 형성은 어렵습니다. 어떤 상황에서도 서로 통할 수 있는 관계를 만들고 리더십을 발휘하기 위한 실천적 화법을 하나씩 연습하고 도전해 보십시오. 본인은 물론 가정과 직장에서 구성원들이 행복해질 것입니다. '말을 바꾸지 않으면 좋은 코치가 될 수 없다'는 사실을 기억하시기 바랍니다. 가정에서든 직장에서든 리더로서의 화법을 익히고 적용하여 구성원들의 마음을 열어주는 리더가 되어야 가정이 살고 조직이 살아납니다.

Chapter 8
리더의 유연함을 위한 감정 관리 스킬

1. 감정관리는 리더십과 어떤 관계인가

'칭찬은 고래도 춤추게 한다'로 잘 알려진 캔 블랜차드는 《미래의 리더십》에서 '바람직한 리더십은 강물과 같아야 한다.'라고 표현했습니다. 강물처럼 늘 변화하고 모든 것을 품을 줄 알아야 하며 무엇보다도 유연해야 한다는 것입니다. 리더에게 유연함이 없고 강직함만 있다면 리더 자신에게도 위험하지만 조직과 구성원에게도 매우 위험합니다. 앞날을 예측한다는 것 자체가 의미 없을 수 있는 변화의 시대에 유연함이 부족한 리더는 조직을 큰 곤경에 빠뜨릴 수 있기 때문입니다.

그래서 중국의 노자는 도덕경에서 '상선약수(上善若水)'라고 했습니다. 이 세상에서 최고의 선은 물과 같은 것이라는 말입니다. 리더십에서도 결국, 물과 같은 유연함과 낮은 데로 흐르는 겸손함이 가장 최고의 덕목입니다.

흐르다가 돌이 나타나면 싸우지 않고 돌아갈 줄 알고, 네모난 관이 있으면 네모나게 흐르며 둥근 관이 있으면 둥글게 흘러 가장 낮은 곳으로 가는 물 같은 리더십이 최고라는 것입니다.

역사 속에서도 너무 강하고 유연함이 부족하면 오래가지 못하는 경우가 많이 있습니다. 중국의 춘추전국 시대를 통일한 진시황도 불같은 성격으로 오래 가지 못하고 49세에 죽었고, 진시황 이후에 천하를 호령하던 불 같은 성격의 항우도 결국, 유방에게 세상을 내 주었습니다. 관심법을 들고나와서 자신의 정적들을 추상같이 옥죄었던 궁예도 당대의 민심을 가진 왕건에게는 두 손을 들었고, 젊은 나이임에도 역발산 기개세(力拔山 氣蓋世)로 천하를 호령하던 조선의 남이 장군이나 조광조 같은 강직하고 불같은 성격의 위인들도 끝내는 반대파에게 일찍이 제거되는 운명을 맞이 했습니다. 울지 않는 앵무새는 죽여야 한다던 오다 노부나가도 앵무새가 울지 않으면 울 때까지 기다려야 한다던 도쿠가와 이에야스에게 천하 통일의 기회를 넘겨야 했습니다. 강하기만 한 것은 약함만 못합니다.

이 시대에 가장 필요하고 적합한 리더십은 바로 겉으로는 약한 듯하지만 결국엔 사람의 마음을 움직일 수 있는 리더십입니다. 세대와 계층, 문화의 다양성에도 충분히 반응할 수 있는 감성의 리더십이 절실한 때입니다. 더 이상 리더십을 지배하고 정복하며 억압하는 모습으로 인식해서는 안 됩니다. 학교와 가정에서 이런 리더십의 본질을 제대로 교육한다면 더는 학교 폭력과 따돌림은 존재하지 않을 것입니다. 직장에서 이런 감성의 리더가 많이 나온다면 더 이상 억압과 착취에 대한 극한 대립과 갈등은 존재하지 않을 것입니다. 리더십과 갑을 관계 속에서 갑질하는 모습을 혼동하면 안 됩니다. 다시 한번 강조하지만 그것은 결코 리더십이 아닙니다.

감성지능을 세상에 널리 알린 다니엘 골만은 '리더 스스로 자신의 내면을 파악하고 구성원의 감성을 이해하며 배려함과 동시에 자연스럽게 조직의 구성원들과의 관계를 형성하여 조직의 감성 역량을 높이는 능력'을 감성 리더십이라고 정의합니다. 리더는 구성원의 마음을 잡아야 합니다. 이 시대의 리더십을 '하게 만드는 능력'에서 '하고 싶도록 만드는 능력'으로 정의했던 것처럼 부모는 자녀에게, 교사는 학생에게, 상사는 부하에게 하고 싶은 마음이 들도록 영향력을 행사해야 합니다. 그러기 위해서는 마음을 열도록 해야 하고, 상대방의 마음을 헤아릴 수 있는 능력을 갖춰야 합니다.

기업에서 마케팅을 할 때도 고객의 마음을 열기 위한 노력을 합니다. 롤프 얀센은 《드림소사이어티(dream society)》에서 국민 소득이 1만 불을 넘는 사회가 되면 고객들은 더 이상 가격이나 품질에만 관심을 두지는 않게 된다고 했습니다. 이때부터는 감성적인 충족감을 찾으려고 한다는 것입니다. 또한 세계적인 경영학자인 필립 코틀러는 '사회구조가 복잡해지고 물질적으로 풍요로워질수록 소비자는 재미를 추구한다'라고 같은 맥락의 주장을 합니다. 따라서 기업의 마케팅 포인트도 품질이나 가격이 아니라 감성이 되어야 합니다. 그래서 그토록 치열하게 기업의 이미지 관리나 제품의 디자인과 콘셉트에 신경 쓰는 것입니다. 심지어 신입 사원 연수에 가족을 초청하여 감동을 주기도 합니다. 이렇게 상대방의 마음을 얻으면 모든 것을 얻는 것입니다.

유엔사무총장에 도전했을 때 반기문 후보를 탐탁하게 여기지 않았던 많은 나라의 대표들이 있었습니다. 아직도 우리나라의 위상이 유엔의 눈높이에서 보면 그다지 높지 않았을 수도 있습니다. 그런데 반기문 후보는 그들의 마음을 열기 위해서 다양한 접근을 했다고 합니다. 그 가운데 하나가 불어 공부입니다. 이미 반기문 후보의 영어 능력은 충분했지만 공용어인 불어 실력에 의문을 가진 대표들을 의식해서 불어 공부를 열심히 했다고 합니다. 그 나이와 지위에도 상대방의 마음속 의구심을 풀고 자신을 상대에게 알리려고 불어 공부를 하면서 실력을 다진 덕분에 결국은 반기문 후보가 세계 외교관의 대통령이라는 유엔 사무총장이 될 수 있었던 것입니다.

감성 리더십을 위해서는 내가 먼저 다가서는 용기와 노력이 필요합니다. 겸손함으로 충분히 상대방의 마음을 읽고 수용하는 태도가 있어야 합니다. 여기에는 진정성이 중요합니다. 순간의 이익을 위해서 마음에도 없는 가식적인 모습을 보여서는 안 됩니다. 감성 리더십은 상대방이 마음으로 알아봅니다. 그래서 마음을 다해 따르게 되는 것입니다.

우리는 그동안 리더십의 표상으로 강한 리더십만을 떠올리며 살았습니다. 자칫 약해 보이면 억눌리고 뒤처진다고 생각했습니다. 그래서 리더십은 무조건 강해야 한다는 인식이 많습니다. 때로는 강하면 리더라고 생각하기도 합니다. 이런 잘못된 리더십에 대한 인식 때문에 폭력과 리더십을 혼동하기도 합니다. 학교 폭력의 한 원인이 되기도 합니다. 진정한 리더십은 물 같이 유연하고 부드러움 가운데 있고 상대의 마음을 얻는 것임을 아는 것만으로도 많은 변화가 있을 것입니다.

한때 인간과 더불어 가장 번성했던 포유류인 늑대는 10마리 이상이 모여서 공동체 생활을 합니다. 암수가 짝을 지으면 평생을 함께하는 것으로 알려진 지능이 매우 높은 동물입니다. 늑대의 생활을 보면 우리가 배울 점이 많습니다. 늑대 무리 가운데 싸움이 벌어지면 우두머리는 힘이 센 녀석에게 가서 장난을 겁니다. 우두머리가 장난을 걸어오면 장난을 응수하느라 공격성을 잠시 잊게 되고 그러다 보면 싸움이 그쳐진다는 것입니다. 또한 우두머리가 먹이를 찾아서 눈밭을 헤매다가 며칠 만에 성과 없이 돌아와서 무리에게 미안함을 전하는 울음을 울 때에 기다리던 무리들은 위로의 울음을 보내며 리더에게 화답한다고 합니다.

늑대들이 우두머리를 선택하는 기준은 힘이 세고 싸움을 잘하는 것이 아닙니다. 공동체의 생존이 그 기준입니다. 그래서 성격이 난폭하고 싸움만 잘하는 녀석은 우두머리가 되지 못합니다. 만일 그런 우두머리가 공동체를 이끌면 무리를 떠나는 녀석들이 많아져서 공동체가 유지되지 못합니다. 그러니 무리의 인정을 받지 못하는 늑대는 리더가 될 수 없습니다. 늑대의 세계에서도 감성 리더십의 원리가 작용하고 있습니다.

한류의 원조 격인 〈대장금〉이라는 드라마가 있습니다. 그 드라마의 내용 가운데 한 장면입니다. 궁궐 수라간의 최고 상궁을 선발하는 경연을 벌이게 되었는데 과제는 '밥 짓기'였습니다. 최종 경쟁자인 한 상궁과 최 상궁이 경합을 벌이는 긴장된 순간입니다. 두 상궁 모두 음식에 관한 최고의 실력을 가지고 있었고 각각 따르는 상궁들도 많았습니다. 마침내 밥을 지어 심사하는 상궁들이 평가하게 되었습니다. 대부분의 상궁들은 최 상궁의 밥이 특히 잘 지어졌다고 평가합니다. 그 비결을 물어보니 오늘날의 압력솥의 원리를 이용하여 밥을 지었다고 답변하여 모두를 놀라게 합니다.

드디어 최종 심사 결과가 발표되었습니다. 그런데 뜻밖에도 한 상궁에게 훨씬 더 많은 표가 몰렸습니다. 모두 의아해하면서 심사를 맡은 상궁들에게 왜 한 상궁에게 표를 주었는지 물어보았습니다. 그랬더니 어떤 상궁은 밥이 자기 취향대로 조금 질게 된 것 같아서 그랬다고 하고, 또 어떤 상궁은 반대로 자기 취향대로 조금 된 밥이라 그랬다고 대답합니다. 결국, 한 상궁은 심사를 맡은 상궁들의 입맛을 모두 파악하고 있었고, 각각의 취향에 맞게 약간 된밥과 약간 진밥을 각각 구분하여 맛보게 했던 것입니다. 그리고 조선 최고의 수라간 상궁에 당당히 선발되었습니다.

한 상궁은 어릴 때부터 함께 살았던 상궁들의 입맛을 모두 파악하고 기억했던 것입니다. 그리고 그 입맛에 맞게 밥을 약간 질게, 약간 되게 지어서 주었습니다. 이렇게 상대방의 입장에서 그들의 마음을 파악하는 것이 중요합니다. 이것이 감성 리더십입니다. 실력만 본다면 최 상궁이 절대 뒤질 이유가 없습니다. 하지만 리더는 실력만으로는 안 됩니다. 구성원의 마음을 알아야 합니다. 그리고 그 마음을 얻어야 합니다. 지금은 이런 감성 리더십이 필요한 시대입니다. 이런 감성 리더의 파워가 진정한 영향력을 발휘합니다.

2. 어떤 리더가 감정관리에 강한가

감성 리더십을 갖추기 위해서는 먼저 자신의 감정 상태를 정확히 인식하고 통제할 수 있어야 합니다. 대개 한 조직이나 공동체의 분위기는 리더의 감정 상태에 큰 영향을 받습니다. 직장으로 친다면 CEO의 기분과 감정, 혹은 기질적 특성에 따라서 일하는 패턴이나 분위기가 결정됩니다. 단위 부서의 경우에는 팀장이나 부서장의 성향에 따라서 그 부서의 분위기가 결정됩니다. 가정에서는 당연히 부모의 기분이 자녀의 기분에 결정적인 영향을 줍니다. 이렇듯 리더의 감정 관리는 자신을 위해서 뿐만이 아니라 조직과 공동체 전체를 위해서도 매우 민감하고 중요합니다.

따라서 감성 리더십을 향상시키기 위해서 리더는 먼저 자신의 감정을 잘 파악하는 능력을 키워야 합니다. 그리고 적절한 방법으로 감정을 통제하는 방법을 익혀야 합니다. 교회 안에서도 직선적이고 강압적인 목회자가 있는 경우 성도의 마음에는 일시적인 복종은 있을지 몰라도 결국엔 다른 교회로 옮기는 일이 발생합니다. 마음에서 진심으로 존경하는 모습은 볼 수 없는 것입니다. 이것은 리더십이라고 할 수 없습니다.

문제가 발생하면 조금도 참지 못하고 화를 내거나 문책하면서 구성원들을 공포로 몰아가는 리더 밑에서는 누구도 진심으로 자신의 일을 사랑하지 못합니다. 문책을 피할 방안만 강구하게 되고 일단 면피만 하고 보자는 식으로 안일하게 일하는 습관을 갖게 됩니다. 우선 감추고 피하는 일이 다반사로 생기다 보니 자연히 문제가 곪아 심각한 지경에 이르게 됩니다. 결국, 구성원 상호 간의 신뢰도 안 생기고 리더에 대한 충성심이나 존경도 없게 됩니다. 그래서 조직이 무너지게 되는 것입니다. 아메리칸 에어라인의 CEO였던 로버트 크랜달이 그랬습니다. 그 결과 심각한 경영난과 파업으로 자리에서 물러나야 했습니다.

세계적인 성공학의 대가인 지그 지글러는 "천재성을 가진 자는 경탄의 대상이 되고, 부를 가진 자는 시기의 대상이 되며, 권력을 가진 자는 두려움의 대상이 되지만, 품성을 가진 자는 신뢰의 대상이 된다."라고 말했습니다. 감성 리더가 되기 위한 첫걸음은 바로 자신의 감정을 좋게 통제하는 것입니다. 그래서 구성원에게 안정감 있고 행복한 감정을 전이하는 것입니다. 외향적이고 직선적인 성격의 리더일수록 자신이 아닌 타인의 입장에서 생각해야 합니다. 자신은 불같이 화내고 질책하면서 수치감을 줘 놓고도 뒤끝이 없는 사람이라고 스스로 위안 삼는 것은 잘못입니다. 감정의 상처는 외형적인 상처보다 치유도 힘들고 그 아픔의 크기도 훨씬 크다는 사실을 기억해야 합니다.

자신의 감정을 점검하기 위하여 일주일간의 감정 상태를 구체적으로 적어보는 〈감정 노트〉를 활용하는 것도 좋은 방법입니다. 매주 한 번씩 자신의 감정을 구체적인 단어로 표현하여 적는 노트를 만들어서 꾸준히 적어본다면 어떤 감정의 패턴을 보이는지 객관적으로 알게 될 것입니다. 자신의 감정 상태에 둔감한 리더는 상대의 감정에도 둔감하기 마련입니다. 뼈에 칼슘이 부족하면 골다공증이 생깁니다. 골밀도가 낮아져서 쉽게 부러지고 잘 아물지도 않습니다. 이처럼 우리의 마음에도 골다공증이 생기면 심밀도가 낮아집니다. 감성 리더십은 심밀도가 높아야 합니다.

심밀도를 높이기 위해서는 앞에서 설명한 자존감과 회복 탄력성이 중요합니다. 리더 자신의 자존심이 아니라 스스로 자존감이 중심을 잡고 있으면 과격한 분노를 방지할 수 있습니다. 부정적인 상황에서 건강한 원래의 모습으로 신속하게 되돌아오는 회복 탄력성이 있으면 어렵지 않게 자신의 감정을 통제할 수 있습니다. 자신의 감정을 인지했으면 그 감정의 근본적인 원인을 알아야 합니다. 자녀가 성적이 형편없는 성적표를 가져와서 화가 치밀었을 때, 왜 이런 분노가 생기는지의 근본 원인에 주목해야 합니다. 자녀의 미래가 불안해서 그런지, 아니면 부모인 자신의 체면이 깎이는 것이 속상한 것인지를 솔직하게 알아야 합니다. 회사라면 부하 직원이 지각해서 화가 났다면 업무에 차질이 생겨서 화가 난 것인지, 아니면 상사인 자신의 권위가 무시되는 것 같아서 화가 나는 것인지를 생각해 봐야 합니다.

감정의 근본 원인을 파악했다면 새로운 생각이나 행동으로 그 원인을 극복하는 것입니다. 혼자 한바탕 웃고 말 수도 있습니다. 불필요한 수준까지 괜히 분노를 표출했다는 사실을 인지하는 것으로도 훌륭하게 극복할 수 있습니다.

바둑에서 사용하는 용어 중에 부득탐승(不得貪勝)이란 말이 있습니다. 너무 승리에 집착하면 이길 수 없다는 의미입니다. '내려놓음이 필요하다'는 것이지요. 조금 내려놓으면 조금 행복하고 많이 내려놓으면 많이 행복합니다. 우리의 부정적 감정은 바로 지나친 집착과 욕심에서 오는 경우가 많습니다. 그 마음을 내려놓는 훈련이 필요합니다.

또는 분노의 당사자와 대화를 나누면서 자신이 어떤 기분이었는지를 말해주는 것도 방법입니다. 그리고 그 일이 조직이나 타인에게 어떤 영향을 줄 수 있는 일인지를 설명해 주는 것입니다. 이런 경우에는 화를 내거나 야단치는 분위기를 만들면 안 됩니다. 평상심을 유지한 상태에서 솔직하고 차분하게 말해야 합니다. 상대방에게 바라는 점을 구체적으로 알려주는 것입니다. 상대방이 자녀가 되었든 부하가 되었든 자신의 감정 상태에 대해서 어땠는지 알려주고 앞으로의 기대치를 말해주면서 앙금이 남지 않게 함으로써 리더의 역할도 하고 감정을 조절하는 것입니다.

때로는 자신의 감정을 조절하기 위하여 분위기를 바꾸고 자신에게 보상하는 것도 필요합니다. 부정적인 감정이 솟구칠 때 잠시 자리를 떠나서 특별한 점심 식사를 한다든지, 평소에 사고 싶었던 무엇인가를 산다든지, 혹은 시간을 못 내어 볼 수 없었던 영화를 본다든지 하는 작은 행동으로 자신에게 보상하는 것입니다. 리더의 위치에 있는 사람은 의외로 자신에게는 보상을 할 여건이 못 됩니다. 그래서 이럴 때 오히려 평소에 자신에게 하지 못했던 보상하는 것도 감정을 조절하고 평상심을 유지하는 데 도움이 됩니다.

농담으로 하는 말이지만 4천 원짜리 점심은 4시가 되면 배가 고프고, 5천 원짜리 점심은 5시가 되면 배가 고픕니다. 그래서 큰 맘 먹고 1만 원짜리 점심을 먹어 보는 것으로도 큰 보상이 될 것입니다. 생각만 잘하면 여러 가지로 자신에게 보상할 방법이 있습니다. 리더들은 너무도 바쁘게 살아갑니다. 그 많은 성과를 내면서도 정작 자기 자신을 위한 짧은 시간조차 내지 못하고 허둥대며 살아갑니다. 마음이 바쁘면 평상심을 유지하기 어렵습니다. 한 박자 쉬어 갈 수 있는 용기와 여유가 필요합니다. '바쁘다'는 의미의 한자인 망(忙)은 '마음(心)이 망(亡)했다'는 뜻을 가지고 있습니다. 바쁘다는 것은 '마음이 망한 상태'입니다. 마음이 망했는데 리더십이 제대로 발휘되겠습니까? 조금은 쉴 틈을 찾아 자신에게 보상도 하고 마음의 소리를 들어 보십시오.

이런 작은 실천으로 자신의 감정을 조절하고 긍정적으로 통제할 수 있게 된다면 감성 리더십에 매우 도움이 될 것입니다. 미국의 링컨 대통령은 보내지 않을 편지를 쓰면서 자신의 감정의 응어리를 풀었다고 합니다. 세계 최고의 부자라는 빌 게이츠는 해마다 두 차례에 걸쳐 휴대폰도 터지지 않는 곳에서 아무 것도 하지 않은 채 생각하는 시간을 가진다고 합니다. '생각 주간(think week)'이라는 자신 만의 시간입니다. 이런 시간을 통해 생각을 정리하고 휴식을 취하며 중·장기 아이디어를 얻는다고 합니다. 빌 게이츠의 그 유명한 생각 주간을 통해 리더의 자기 관리와 휴식이 주는 의미를 알 수 있습니다. 인터넷도 휴대전화도 없이 완전히 자신에게 몰입할 수 있는 자연 그대로의 생각 주간, 멋지지 않습니까? 우리도 자신만의 감정 조절 비결을 하나씩 만들어 보는 것도 의미 있는 도전입니다.

　　감성 리더의 조건으로 꼭 필요한 또 하나는 자신의 감정 못지않게 타인의 감정도 공감하고 포용하는 것입니다. 리더가 구성원의 감정에 무감각하거나 무시하는 태도를 보인다면 구성원의 마음을 얻는 일은 불가능합니다. 리더에게는 냉철한 머리도 필요하지만 따뜻한 가슴도 중요합니다. 구성원이 리더에게 자신의 감정을 이해받고 있다면 조직 내에서도 훨씬 더 신뢰도가 높아집니다. 리더는 구성원의 감정에 따른 해결책을 꼭 제시할 필요는 없습니다. 그저 충분히 공감하고 있음을 알게 하는 것으로도 상호 관계는 좋아지고 업무에 대한 효율성도 향상되는 효과를 얻을 수 있습니다. 자녀의 감정을 충분히 이해하며 인지하고 있는 부모와 자녀 사이에는 친밀감이 강하게 형성됩니다. 이런 친밀감이 자녀의 존재감을 높여주고 학교나 사회에서도 건강한 삶을 살게 하는 것입니다.

　　타인의 감정을 공감하고 공유하려면 먼저 경청하는 습관과 사람에 대한 존중심이 필요합니다. 기본적으로 타인을 존중하지 않는 사람은 감성 리더가 될 수 없습니다. 사람을 소중하게 여기지 않는 조직은 결코 성장하지 못하며 생존 자체가 어렵습니다. 경청의 스킬에서 언급한 것처럼 상대의 말을 듣고 요약하고 확인하는 것이 중요합니다. '그렇지, 내 말이 바로 그 말이라니까!'라는 반응을 얻도록 해야 합니다.

　　상대방의 감정을 주의 깊게 관찰하고 적절하게 반응 즉, 리액션을 보여야 합니다. "아, 정말 화가 났겠구나" "와, 좋았겠는데?" 등의 반응을 하는 것입니다. 상대방의 입장이 되어서 이런 반응을 보이면서 경청한다면 당사자는 리더의 감정이입에 고마워하거나 기분이 좋아질 것입니다. 물론 억지로 해서는 안 됩니다. 리더의 진정성은 그 무엇보다도 값진 자산입니다. 결코 가볍게 여겨서는 안 됩니다. 표정과 목소리로 진정성을 보여 주어야 합니다. 진지하게 바라봐 주는 것으로도 충분할 때가 있습니다. 해결책을 제시하려고 하지 말고 그저 바라봐 주기만 해도 충분히 공감하는 마음을 전달할 수 있습니다. 이것만으로도 상대의 감정을 공감하는 훌륭한 리더가 될 수 있습니다.

그렇다고 리더는 구성원에게 무조건 칭찬과 감탄만 하라는 것이 아닙니다. 오히려 잘못된 칭찬은 독이 될 수 있습니다. 요즘 코칭이다, 서번트 리더십이다, 감성 리더십이다 해서 수많은 리더십 이론이 쏟아져 나오다 보니 자칫하면 바람직한 리더십은 유약하고 좋은 게 좋은 것이라는 식의 잘못된 생각을 하는 분들도 많습니다. 특히 칭찬에 대한 부분이 많이 왜곡되어 있습니다. 가정에서 부모들도 겉핥기식의 칭찬법을 배워서 자녀를 망치는 경우가 있습니다. 무조건 받아주고 칭찬하는 것이 상대방의 기를 살리고 동기부여 하는 것은 아닙니다.

리더는 구성원에게 잘해주는 사람이 아니라 구성원을 잘 되게 해주는 사람입니다. 구성원의 입장에서도 리더가 자신의 성장에 아무런 도움이 안 되고 마냥 좋은 말만 한다면 그 리더를 따르고 싶은 마음이 없어집니다. 단순한 관계지향형의 리더는 영향력이 없다는 말입니다. 칭찬은 상대방의 자세와 노력의 과정에 대한 칭찬이어야 효과가 있습니다. 단지 구성원의 성과에 대한 칭찬뿐이라면 역효과가 나기도 합니다. 결과와 성과만 칭찬하면 상대방은 늘 결과에 대한 압박감 때문에 초조하고 만족감이 없게 됩니다.

심한 경우 부정행위를 저질러서라도 결과를 내야 한다는 스트레스를 받게 됩니다. 자신의 엄마를 살해한 고등학생도 성적표를 위조하여 부모에게 보였던 일이 있습니다. 그러다가 그 사실이 발각될 위기에 처하니까 극단적인 행동도 서슴지 않았던 것입니다.

제대로 칭찬한다면 그 사람의 노력한 모습이나 일하는 과정에서의 어려움을 극복한 일, 혹은 의연하고 꾸준하게 도전하는 자세를 칭찬해야 합니다. 그래야 설령 일이 잘못되었더라도 실망하지 않고 다시 도전하려는 마음을 먹게 됩니다. 부모를 포함한 리더에게 그저 잘 보이기 위해서 기를 쓰는 사람이 되지는 않습니다.

실제로 어느 심리학 실험에서는 시험을 보고 나서 결과만 칭찬했던 아이들과 시험 치르는 과정을 칭찬한 아이들의 차이점을 확인해 주었습니다. 결과만 칭찬했던 아이들은 "시험 문제의 풀이와 다른 아이들의 성적이 든 상자 중에서 어느 것이 보고 싶으냐?"의 질문에 대부분 다른 아이들의 성적을 선택했습니다. 그런데 과정을 칭찬했던 아이들은 같은 질문에 대부분 문제의 풀잇법을 선택했습니다. 결과만 칭찬했던 아이들은 단지 남과 비교하여 자신의 위치를 확인하고 싶을 뿐이었습니다. 하지만 과정을 칭찬한 아이들은 남과의 비교가 아니라 자신의 실력을 향상하는 것이 더 중요했던 것입니다. 이 실험은 성인에게 적용했을 때도 같은 결과를 보여 주었습니다. 이것이 칭찬의 함정이자 위력입니다. 리더의 칭찬은 그래서 중요합니다.

리더에게 가장 소중한 대상은 조직의 성과나 이익 이전에 구성원 자체여야 합니다. 사람을 소중하게 여기는 마음이 없이는 감성 리더가 될 수 없습니다. 그래서 인재는 단순한 인재(人在)가 아니라 인재(人財)여야 하는 것입

216

니다. 그래서 저는 인적자원(human resource) 보다는 인적자산(human asset)이라는 표현이 더 적당하다고 생각합니다. 이것이 감성 리더의 특징입니다. 리더가 사람을 존중하는 기업의 문화는 개방적이고 순수하며 역동적입니다. 하지만 리더가 강압적이고 독단적이며 사람을 수단으로만 여기는 조직은 폐쇄적이고 안일하며 무기력함이 팽배함을 알 수 있습니다. 바로 이 점에서 조직의 경쟁력이 차이가 납니다.

  직원 몰입 분야의 최고 권위자인 프린스턴 대학교의 폴 마르시아노 박사는 세계적으로 널리 알려진 다양한 동기부여 모델을 분석한 결과 공통점을 발견했습니다. 그것은 다름 아닌 '존중'이었습니다. 직원 동기부여의 핵심은 바로 존중입니다. 더 나아가서 성공하는 조직은 직원들을 단지 동기부여만 하지 않았다는 것을 밝혀냈습니다. 직원들을 몰입하게 하였다는 것입니다. 직원들은 직장에서 동기부여가 안 되는 것이 아니라 몰입이 안 되어 성과가 안 나는 것이었다는 것입니다. 이런 직원 몰입에도 가장 중요한 핵심은 결국, 존중이었습니다. 많은 기업에서 실시하고 있는 성과보상제도 역시 직원들의 몰입에는 한계가 있습니다. 그것은 단기적인 행동의 변화는 가져 오지만 장기적으로 지속하지는 못한다는 것도 여러 연구에서 밝혀진 바입니다. 짐 라이언이 말했듯이 동기부여는 출발하게는 하지만 지속적으로 나아가게 하는 것은 습관입니다. 그렇다면 리더가 팀원들을 단순히 동기부여에서 그치지 않고 습관이 되어 계속 나아가게 만들려면 결국, 존중하는 리더십이 필요하다는 것을 알아야 합니다.

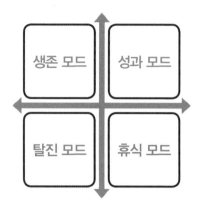

〈토니 슈워츠의 감정 사분면〉

리더가 자신의 감정을 다스리고 제어할 줄 알고, 타인의 감정도 공감하며 배려하는 리더십이야말로 이 시대에 적합하고 필요합니다. 개인과 조직의 성과 개선 전문 컨설턴트인 토니 슈워츠의 연구에 의하면, 사람은 감정 상태가 성과 모드에 있을 때 최고의 성과가 난다고 합니다. 하지만 대개는 성과 모드에서 일정 시간이 지나면 다른 감정 모드로 움직이는데, 조직에서 제대로 인정받거나 배려받지 못하는 경우에는 생존 모드로 떨어진다는 것이지요. 생존 모드에서는 공포와 불안, 혼란스러움을 느낍니다. 그러니 제대로 업무에 집중하지 못하게 됩니다.

가장 바람직한 상태는 성과 모드에서 휴식 모드로 자연스럽게 이동했다가 다시 성과 모드로 복귀하는 시스템입니다. 이렇게 성과 모드와 휴식 모드 사이를 균형있게 넘나들 수 있는 조직이란 리더가 감정 관리에 대한 분명한 인식이 있어야 가능합니다. 리더가 직원들을 눈에 보이는 시스템과 하드웨어적인 장치로만 관리하려 든다면 아마도 생존 모드나 탈진 모드에 빠지게 될 것입니다. 그렇게 되면 조직 전체가 부정적인 감정 상태에 물들게 됩니다. 하지만 구성원들의 감정 관리에 눈을 뜬 리더십이라면 보이지 않는 내면의 감정 상태까지 고려하여 근무 환경을 조성할 것이고, 성과 모드에서 피로감을 느끼면 언제든지 휴식 모드로 이동할 여건을 마련해 줄 것입니다. 이것이 진정한 선진 리더십이고 성과지향의 조직이 나아가는 모습입니다.

3. 감정을 스토리텔링으로 전달하라

감성 리더는 자신의 생각을 전할 때도 상대의 마음에 잘 새겨지도록 전달하는 능력이 필요합니다. 단순히 지식이나 사실만을 전달한다고 되는 것이 아닙니다. 기업이 고객에게 메시지를 전달할 때에도 사실적인 부분만을 전달해서는 설득이 되지 않습니다. 논리만으로는 하늘을 날 수가 없습니다. 감성이라는 또 하나의 날개가 힘을 실어주어야 날 수 있게 됩니다. 이것을 스토리텔링(storytelling)이라고 합니다. 감성 리더에게는 이런 스토리텔링의 기술이 필요합니다.

세계적으로 거의 멸종한 것으로 알려진 코끼리 거북이에 관한 다큐멘터리를 보았습니다. 육지에 사는 거북이 종류로서 등딱지의 길이는 1m가 넘고 몸무게도 200kg이 넘으며 수명도 길게는 200년 가까이 된다고 합니다. 그런데 옛날 먼바다를 항해하던 당시의 선원들이 배에서 식량으로 쓰기 위해서 마구잡이로 포획하는 바람에 점점 개체 수가 줄어들어서 지금은 멸종 위기라고 전해집니다.

이 거북이가 처한 위기 상황을 흥미롭게 다큐멘터리로 구성했는데 정말 설득력 있었고 감동적이었습니다. 그 옛날 뱃사람들이 섬에 들어와서 코끼리 거북이 사냥을 합니다. 그러던 중 엄마 거북이와 새끼 거북이를 만납니다. 다행히도 새끼 거북이는 사냥꾼의 눈에 띄지 않아서 잡히지는 않았지만, 숲 속에서 엄마 거북이가 잡혀가는 장면을 놀랜 눈으로 바라봅니다. 엄마 거북이는 새끼 거북이가 걱정되어 몸부림을 치지만 사냥꾼의 손에서 벗어날 수가 없었습니다. 새끼 거북이와 점점 멀어져 가면서 발버둥 치는 엄마 거북이는 안타까움에 눈물을 글썽입니다.

그런데 엄마 거북이는 몇 날 며칠간 배를 타고 어디론가 끌려가다가 뱃사람들이 잡아먹지 않고 어느 마을의 소녀에게 선물로 팔리게 됩니다. 그 소녀는 거대한 엄마 거북이를 처음 보면서 너무나도 좋아하여 큰 울타리를 치고 집을 지어 줍니다. 그리고는 엄마 거북이에게 "좋은 친구가 되자."고 말합니다. 하지만 엄마 거북이는 소녀의 마음을 알 리가 없고 온통 고향 섬에 두고 온 새끼 거북이 걱정뿐입니다. 음식을 입에 대지도 않고 시름시름 앓으며 고향으로 돌아갈 궁리만 합니다. 마침내 울타리를 부수고 탈출을 시도합니다. 온갖 험한 산길을 넘고 넘어서 꼬박 밤을 새워 달아나지만 추격자의 발걸음을 따돌리지 못하고 다시 붙잡히게 됩니다.

소녀의 아버지는 화가 나서 더욱 단단히 울타리를 잠그고 엄마 거북이를 가둬 둡니다. 그래도 엄마 거북이의 새끼 거북이 사랑을 말리지는 못합니다. 그러던 중, 소녀는 엄마 거북이에 관한 진실을 듣게 됩니다. 어느 동물학자로부터 우연히도 아직도 생존하는 코끼리 거북이가 신기하다며 왜 멸종 위기에 처했는지, 이들이 어디에서 주로 서식하는지 등을 말입니다. 그리고 결국, 엄마 거북이가 있을 곳은 자신의 집 울타리가 아니라는 것을 깨닫고 아버지 몰래 풀어줍니다.

드디어 엄마 거북이는 새끼 거북이를 만날 수 있게 되었다는 생각에 쇠약해진 몸으로 다시 힘을 내어 거칠고 험한 고향으로 가는 길을 나섭니다. 아무리 높은 언덕이나 깊은 구렁도 문제가 되지 않았습니다. 그렇게 해서 새끼 거북이를 만날 수만 있다면 얼마든지 견딜 수 있다고 생각했습니다. 그런데 소녀의 집을 나선지 며칠 후 엄마 거북이의 앞에 나타난 것은 시퍼런 파도가 넘실대는 바다였습니다. '저 바다 건너 고향에는 아기 거북이가 나를 애타게 기다리고 있겠지'라고 생각하니 가슴이 뛰었습니다. 엄마 거북이는 용기를 내어 바다로 들어가려고 했지만 자신은 헤엄을 칠 수 없는 육지 거북이라는 사실을 잊고 있었습니다. 결국, 바다를 헤엄쳐 건널 수 없다는 것을 알게 된 엄마 거북이는 바닷가의 가장 높은 바위 위로 올라갔습니다. 그리고 바다 건너 고향에 있는 새끼 거북이를 생각하며 하염없이 그 자리를 지키고 있게 됩니다.

자연 보호를 해야 하는, 멸종 위기의 동식물을 애써 지켜내야 하는 이유를 알려주는 이야기입니다. 만일 단지 슬로건 하나로 '자연을 보호하자, 멸종 위기의 동식물을 보호하자'라고 했다면 이런 감동을 주지는 못합니다. 그 설득력도 떨어집니다. 전하고자 하는 메시지에 스토리를 입히면 그 파워는 대단해집니다. 이것이 스토리텔링입니다. 감성 리더십은 이런 스토리텔링의 스킬이 필요합니다. 조직이나 공동체에서 모든 구성원이 납득하고 동참하게 만드는 리더의 능력은 구성원들의 가슴을 파고드는 감성적 메시지가 있어야 합니다. 자신의 주장이나 의도에 스토리를 입히는 것입니다.

고객에게 '자사의 냉장고를 광고한다'고 할 때에도 스토리를 입히는 것이 더 설득력이 있습니다. 고객의 마음을 열 수 있는 것은 단지 제품의 성능과 품질만이 아닙니다. 고객이 이해할 수 있는 사례나 경험을 통해 고객에게 꿈과 희망을 전달하는 것입니다. 그래서 고객과 정서적인 연결 고리를 만들어 가는 것이 보다 강력하고 설득적입니다. 단지 냉장고의 냉각 방식을 최신 기술을 이용하여 혁신적으로 개선했다고 광고하는 것은 고객의 마음을 끌지 못합니다.

안개가 자욱한 시골의 새벽 텃밭 풍경을 기억하도록 만듭니다. 이어서 어린 시절, 시골 고향집에서 어머니가 갓 따온 신선한 채소로 아침 밥상을 차리시던 모습을 떠올리도록 합니다. 세월이 지난 지금은 그 옛날 시골 텃밭의 이슬 맺힌 채소를 아침마다 먹을 수는 없지만 '우리 냉장고의 수분 케어 방식의 선반으로 어머님의 손맛을 그대로 보존한 채소로 아침상을 맛볼 수 있도록 해주겠다'는 메시지를 전달합니다. 자사의 제품에 대한 이성적이고 논리적인 광고가 전혀 아닙니다. 그런데 고객의 마음에는 훨씬 더 강력하게 자리 잡게 됩니다. 이것이 스토리텔링의 위력입니다.

오바마 대통령의 당선 연설은 바로 이런 스토리텔링의 힘을 제대로 보여준 사례입니다. 대통령에 당선되고 했던 연설에서 그는 애틀랜타의 106세 된 앤 닉슨 쿠퍼라는 흑인 할머니에 관한 이야기로 시작합니다. "그녀의 조상은 노예였습니다. 그녀가 태어났을 때 그녀는 두 가지 이유 때문에 투표를 할 수 없었습니다. 첫 번째 이유는 그녀가 여성이었기 때문에, 그리고 두 번째 이유는 그녀의 까만 피부색 때문이었습니다. (중략) 여성들의 목소리가 묵살되고 그녀들의 희망이 무시되던 시기가 있었습니다. 쿠퍼 씨는 살아서 여성들이 일어나 큰 목소리로 외치고 투표용지를 향해 손을 뻗는 것을 보았습니다."

222

이렇게 전달된 오바마 대통령의 국민의 평등과 권익, 희망을 지켜주겠다는 메시지는 그 어떤 수사적인 정책 공약의 제시보다 듣는 사람의 마음을 울렸습니다. 연설을 듣는 사람들은 흐르는 눈물을 두 뺨으로 느낄 수 있었습니다.

사르트르는 '인간은 세상사 모든 것을 이야기를 통해 이해한다'라고 했습니다. 스토리텔링은 일상의 어느 곳에서나 존재합니다. 훌륭한 감성 리더는 그 존재를 놓치지 않고 찾아내어 말하는 이와 듣는 이의 정서적 교감을 만들어 냅니다. 부모가 자녀에게, 상사가 부하에게, 목회자가 성도에게 더 쉽게 이해하고 받아들일 수 있는 이야기를 찾아내야 합니다. 이런 능력을 가진 리더는 구성원에게 더 많은 이해와 신뢰를 받을 수 있습니다.

늦은 시간에 버스를 타고 가던 피곤함에 찌든 학생이 목적지에서 내리지 못하고 종점까지 가버립니다. 종점에서 차를 정차한 기사 아저씨가 학생에게 피로회복제 한 병을 내밉니다. 그러자 학생은 금세 활력을 되찾고 환호를 지르며 집으로 달려갑니다.

여러분도 한 번쯤은 보셨을 국내 유명 광고의 한 장면입니다. 보는 사람들은 스토리의 상황을 충분히 공감하고 깨달음의 순간을 기억하면서 그 매개체인 피로 회복제를 인상 깊게 떠올립니다.

직장에서 상사가 부하에게 왜 열심히 일해서 반드시 목표를 달성해야 하는지 닳고 닳은 논리와 자료로 딱딱하게 설명하기 보다는, 자신의 경험과 부하의 공통적인 상황을 연결하여 스스로 이해하고 내적 동기부여가 되도록 이끌어 가는 리더십이 필요합니다. 가정에서는 부모가 자녀에게 학원 출입 카드에 찍힌 시간 기록을 가지고 감시하고 잔소리하기 보다는, 자녀의 꿈과 희망을 먼저 이해하고 함께 공유할 수 있는 하나의 스토리를 만들어서 눈에 선한 모습을 그리도록 도와주는 리더십이 필요합니다. 휴일도 반납하고 야근도 불사하며 업무에 매달리는 직장인들이 얼마나 많습니까? 행복하지 못한 직장생활을 하면서 월급 받는 만큼의 의무감에 빠진 경우가 적지 않습니다. 조직의 리더들은 이런 직원들의 고단한 일상의 모습을 이해하고 배려하면서 위로와 격려의 마음을 피부로 느끼고 비주얼하게 그릴 수 있도록 설득적인 메시지를 전달할 필요가 있습니다.

구성원들은 단순한 사실과 정보가 아니라 리더가 제시하는 스토리 속의 비전과 교훈에 감동합니다. 그 스토리에 담긴 실천하고 싶은 가치를 느끼고 싶어 합니다. 이 모든 것을 훈계나 지시가 아니라 리더와 공감하고 공유하고 싶은 것입니다. 감성 리더십은 이런 능력을 통해서 전달되고 향상됩니다. 이런 배경에서 리더에게는 인간의 감정을 이해하고 접근하기 위한 인문학 공부가 절실한 것입니다.

CS 루이스의 원작 소설인 〈나니아 연대기〉를 영화로 만든 마이클 앱티드 감독은 영화를 통해서 성경 속의 메시지를 우리에게 멋진 판타지 세상으로 바꾸어서 스토리텔링으로 전달해 주었습니다. 아직도 많은 사람들의 기억에 그 영화의 생동감이 살아 있을 것입니다. 리더에게는 콘텐츠도 중요하지만 그 전달 방법도 중요합니다. 설득력과 흡인력을 동반한 전달 방법 말입니다. 그래서 스토리텔링은 감성 리더십의 시대에 꼭 필요한 수단입니다.

기업체의 CEO가 조직의 구성원들에게 경영의 비전과 목표를 전달할 때에나 가정에서 부모가 자녀들에게 훈육하고 양육할 때에도 모두 스토리텔링을 사용하면 좋겠습니다. 우리나라의 정치 지도자들도 판에 박힌 웅변조의 연설이나 외침이 아니라 국민의 가슴을 파고드는 감동의 스토리텔링으로 희망을 불씨를 심어 주었으면 좋겠습니다. 대단한 이야기꾼이 되라는 것이 아닙니다. 세상의 삶을 세밀하게 관찰하고 새롭게 조합하여 이성과 감성을 모두 자극하는 스토리를 찾아내면 됩니다.

리처드 맥스웰과 로버트 딕먼이 말한 것처럼 이야기를 끌어내는 열정과 마법 같은 힘을 주는 깨달음의 순간, 이야기를 완성하는 변화의 요소만 조합하면 누구나 할 수 있습니다. 자신의 인격을 담은 메시지를 구성원들에게 멋지게 전달하여 조직의 비전을 달성하는 리더십. 그리고 그런 리더를 통하여 리더십의 비전을 갖게 만드는 행복한 리더들이 많이 배출되어 어렵고 암울하기까지한 이 시대의 기업과 조직에 희망의 빛을 내리 쬐게 만드는 리더십을 재설계해 보시기 바랍니다. 리더십에 대해 다시 생각해볼 골든 타임을 놓치지 마시고 힘차게 도전하길 응원합니다.

리더십은 곧 배려입니다

"반대편으로 건너가려면 어떻게 해야 하나요?"

지하철을 기다리면서 책을 읽고 있었는데 모녀 사이로 보이는 중년의 외국인이 길을 물었습니다. 저는 무심코 계단을 가리키며 저 계단을 올라가서 건너가면 된다고 알려주었습니다. 그후 순간 몸을 일으켜서 그들을 뒤쫓아 계단을 올라갔습니다. 개찰구를 통과해 건너왔다면 다시 반대편으로 건너가기 위해서는 비상 출입구 버튼을 누르고 역무원에게 건너가게 열어 달라고 말을 해야 하는데 외국인들이 그렇게 할 수 있을까 싶어서 뒤따라 갔던 것입니다. 아나나 다를까 개찰구 앞에서 그들은 서성대며 곤란해 하고 있었습니다. 제가 비상 버튼을 누르고 문을 열고 반대편으로 나갈 수 있도록 도와주었습니다. 처음에는 제가 아까 자신들이 길을 물어봤던 그 사람인 줄 몰랐던 모양입니다. 문을 열고 지나가도록 말했더니 놀라면서 그제야 알아챈 듯했습니다.

길 건너편에서 안심했다는 듯이 웃으며 감사의 인사를 하고 돌아서는 그들을 바라보면서 저의 마음도 안심이 되었습니다.

그들을 우리 가족 중 누군가라고 생각했다면 아마 누구라도 저처럼 도왔을 것입니다. 내 입장에서가 아니라 상대방의 처지에서 생각한다면 그냥 지나칠 법한 일도 한 번 더 챙겨보게 됩니다. 이것이 배려가 아닐까요? 배려란 문자 그대로 상대방을 염려하는 것입니다. 상대방을 자신의 파트너라고 인식한다면 누구라도 상대방을 염려하고 세심하게 고려해서 행동할 것입니다. 이것이 리더십입니다. 리더십은 곧 배려입니다. 여기에서 팀워크도 나옵니다. 리더가 구성원의 입장을 배려하고 업무 지시를 내리거나, 상대방의 입장에서 상황을 고려하고 움직인다면 조직의 성과가 왜 안 나겠습니까?

《논어》에 보면 자장이 공자에게 정치를 잘할 수 있는 리더십에 대해 묻습니다. 그 때 공자는 다섯 가지 아름다움에 관해 이야기합니다.

"군자는 은혜를 베풀지만 낭비하지 않고, 백성에게 일을 시켜 백성을 수고롭게 하지만 원망을 사지 않고, 의욕은 넘치지만 탐욕스런 마음은 없고, 태연하지만 교만하지 않고, 위엄이 있지만 사납게 행동하지 않는다."

공자의 소위 오미(五美)를 살펴보면 리더십의 덕목을 알게 됩니다. 또한 맹자는 일찍이 측은지심, 수오지심, 사양지심, 시비지심의 사단(四端)을 설파했습니다. 이것이 인의예지(仁義禮智)의 단(端)이라고 하고, 여기에 칠정(七情)이 더해져 사단칠정의 성리학의 대명제가 구축되었습니다. 이후 다산 정약용은 주자의 사단칠정에 대한 해석을 보완하여, 단지 인의예지가 주자의 해석처럼 실마리가 아니고 시초라고 해석했습니다. 정약용의 풀이에 따르면 인의예지 자체로는 덕이 될 수 없고 그러한 마음을 행동으로 실천해야만 비로소 덕이 된다고 보았습니다. 저는 다산의 이런 해석을 주자학의 가르침에서 한 걸음 더 나아간 리더십의 실천적 적용이라고 생각합니다. 모름지기 리더십이란 이처럼 덕을 바탕으로 이루는 것이란 핵심적인 사실을 알아야겠습니다.

전략 컨설턴트인 버나드 마르(bernard marr)는 나쁜 리더의 대표적인 특징으로 '공감이 결여되고 권위적이며 겸손하지 못함'을 들고 있습니다. 예나 지금이나 리더십의 표상은 크게 다를 바가 없음을 시사합니다. 리더십에서 인성과 덕을 강조하면 고리타분하고 뜬구름 잡는 것으로 생각하기 쉽습니다. 하지만 동서고금을 막론하고 리더십에 대한 정의와 행동 지침, 인격적인 소양에서 전혀 다르지 않음을 수 많은 전문가와 연구 결과로 알 수 있습니다. 도전하지 않으면 아무 일도 일어나지 않습니다. 아무쪼록 이 책에서 전달한 내용을 토대로 자신의 리더십에 대해 다시 생각해보고 새롭게 디자인하여 변화 시대의 진정한 리더로 거듭나길 바랍니다.